GASTON DELAYEN

LA MÉSAVENTURE DE MARTIN S'EN VA T'EN GUERRE

PARIS

MARCELLE LESAGE ÉDITEUR

24, PLACE DAUPHINE, 24

LA MÉSAVENTURE

DE

MARTIN S'EN VA T'EN GUERRE

GASTON DELAYEN

LA MÉSAVENTURE
DE
MARTIN
S'EN VA T'EN GUERRE

Idylle dramatique

PARIS

MARCELLE LESAGE ÉDITEUR

24, PLACE DAUPHINE, 24

AU LECTEUR

De quelques judicieuses réflexions d'un Conseiller au Parlement de Tholoze :

De l'avis du conseiller Jean de Coras, qui enrichit de cent et onze belles et doctes annotations — c'est lui du moins qui le prétend — le texte de l'arrêt, dont il fut le rapporteur devant le Parlement de Tholoze, comme on disait alors, cette curieuse aventure conjugale est une prodigieuse histoire, monstrueusement étrange par la inouïe merveille du sujet, un cas autant mémorable qu'il en advint jamais.

C'est une véritable tragi-comédie, « car la protase, ou entrée d'icelle, est fort joyeuse, plaisante et récréative ; l'épitase, ou entre-suitte : incertaine et douteuse pour les débats et différens survenus pendant le procès ; la catastrophe et issue de la moralité : triste, piteuse et misérable pour le regard de l'hypocrisie et simulation descouverte ; ensemble de la punition exemplaire qui s'en est ensuyvie. De sorte qu'il est proposé un singulier exemple de la juste vengeance de Dieu sur les méchants, qui ne demeurent finalement point impuniz de leurs démérites et forfaitz. »

Bref voici l'histoire très véridique, à laquelle l'avis de Rabelais, en son entrée en matière de « la Vie inestimable du grand Gargantua, « père de Pantagruel, composée par l'abstrac-« teur de Quinte essence », peut à merveille convenir :

Amys Lecteurs, qui ce Livre lisez,
Despouillez-vous de toute affection :
Et le lisant ne vous scandalisez.

Il ne contient mal, ny infection.
Vray est, qu'icy peu de perfection
Vous apprendrez, sinon en cas de rire :
...Mieulx est de ris, que de larmes escripre :
Pource que rire est le propre de l'homme.

PREMIÈRE PARTIE

L'IDYLLE

I.

UN GENTIL PETIT MARIAGE

Où l'on voit que deux enfants furent accordés et ce qu'il en advint :

Or ça, par cette fraîche et ensoleillée matinée de Janvier de l'an 1538, — ancien style (*) — l'unique cloche de la petite église d'Artigues tintinabulait à toute volée. Un cortège joyeux, tumultueux et mutin, sortait de l'église.

C'était le jour des épousailles de Martin Guerre avec Bertrande de Rols.

Précédée de deux musettes et d'un violon, la noce s'engagea dans le chemin creux, qui,

(*) D'après le calendrier Julien, et 1539 d'après le style grégorien, lequel faisait commencer l'année au 1er janvier et non plus au Samedi-Saint. Ce fut Charles IX qui, en 1564, malgré l'opposition du Parlement, reporta le début de l'année au 1er janvier.

derrière l'église, montait en lacets, au milieu des genêts, jusqu'au plateau, sur le penchant duquel, au pied d'une tour sombre servant d'observatoire, s'élevaient les toits d'une ferme.

Les deux petits mariés — il avait lors onze ans et elle était en son an dixième, pas encore — se donnaient gentiment le bras, lui, prenant quant et quant sa main qu'il baisait en cérémonie, à la façon du pays. Ils avaient d'ailleurs l'un et l'autre cet air sérieux que se donnent les enfants, quand ils sont en représentation et jouent un rôle. Du reste elle était gênée par le petit carcan garni de perles qui enserrait son col et par la longue robe blanche qu'elle portait pour la prime fois, et marchait avec un dandinement mal gracieux, qui faisait tort à sa joliesse d'enfant, dont pourtant elle ne faillissait point. Mais elle paraissait si fière de la superbité de son accoutrement, non moins que des bracelets qu'elle portait aux bras ! Quant à lui, serré dans un justaucorps de velours et mal à l'aise dans une braie ou culotte longue, gris perle, descendant jusqu'aux talons, il s'avançait tout guindé.

Derrière eux venait une bande de gentes fillettes et de garçons, mignardement et proprement vêtus à la mode du pays ; puis après lesquels s'avançaient une grande troupe de parents, amis et connaissances, riant et gaudissant.

Du chemin creux, les merles s'envolaient en sifflant effrontément, comme pour se moquer de cette noce en miniature.

ARRIVÉ à la ferme, tout ce monde souffla un peu.

De là, on avait vue d'une vaste étendue, allant par temps clair jusqu'au confluent de la Garonne et de l'Ariège vers Tholoze.

Du côté du Levant, dès après la ville de Foix, dominée dans un site pittoresque par un rocher élevé, sur lequel se dressait orgueilleusement un château flanqué de trois tours gothiques, les Pyrénées s'étageaient jusqu'à leurs plus hautes cimes, couvertes de neige.

La ferme était le mas des Rols.

Depuis des ans et des ans y gîtait la famille de père en fils.

Le sieur et la dame de Rols étaient de toute petite noblesse.

Originaires d'Artigues — aujourd'hui Artigat — petit bourg du diocèse de la très ancienne ville de Rieux, comté de Foix, ils n'avaient jamais quitté la contrée.

Quant à Martin Guerre, il était du pays des Basconts ou Bascongadas (*), étant né à Hendaye en Biscaye, en territoire indépendant, car Charles-Quint venait de confirmer à cette province basque de l'Espagne ses fueros ou privilèges.

(*) Nom espagnol des Basques.

Ses parents, nous dit-on, étaient dans un état au-dessus de celui de paysan : son père était tenu pour gentilhomme, presque. Martin n'était quasi, par manière de dire, que né et encore aux mamelles tettant, que ceux-ci, abandonnant la Biscaye, sans nul savoir pourquoi, vinrent querir logis dans le comté de Foix, aux environs d'Artigues, où ils firent achat de métairie.

MARTIN et Bertrande avaient grandi côte à côte, associant leurs jeux. Que de fois ils avaient folâtré ensemble dans la campagne, pipant les nids des petits oiseaux, dépistant les bêtes des bois, faisant courses et gambades folles ! Aussi les parents avaient-ils résolu de les accorder en mariage et de donner Bertrande à femme à Martin.

TOUT le logis respirait l'aisance.

Dans la grand'salle, où les parents de la mariée festoyaient les invités de la noce, les murs étaient décorés de trois images de piété : les saintes Marie, Marthe et Madeleine, et d'ustensiles de ménage en cuivre rouge reluisant. De chaque côté de la vaste cheminée, la salière et la farinière étaient accrochées à une belle moque de bois blanc, sculptée par un berger, et, sur le manteau du foyer, était appendue une conque de nacre, servant à rappeler les bêtes à la vesprée. Dans un coin, se dressait une grosse horloge, faite avec l'industrie d'Allemagne, et d'où, à chaque heure, se faisait entendre une ritournelle, et saillissaient gentils petits personnages. Au plafond, des poutres en solive, desquelles pendaient des chapelets d'oignons.

Une table longue, jà moult abondamment servie, s'étalait dans le sens de la salle, flanquée en son milieu de deux chaises pour les mariés, d'escabeaux et de bancs pour les invités.

Sans plus tarder — car il faisait grand faim — mais non sans avoir, suivant l'usage, passé préalablement à l'eau les doigts, avec lesquels un chacun prenait aux plats et portait à sa bouche, on s'installa au festin de noce.

Il dura fort avant dans l'après-midi, trop longtemps au gré des petits mariés, qui se voulaient lever de table et s'aller ébrouer et esbaudir un moment. C'était de leur âge.

Enfin quand, le repas achevé, on put défaire la nappe, plissée et frisée comme collerette et à laquelle chaque convive s'était essuyé pendant le manger (*), ce fut le « grand-boire », et chaque quidam dut compter histoire ou chanter chanson.

(*) La serviette commençait à peine à être d'usage à la ville.

La nuit était venue : on alluma les torches et les quinquets.

Certains avaient bu plus que de raison. Si quelques-uns n'en étaient encore qu'à bredouiller, d'autres commençaient à riboter, criant davantage qu'il ne fallait. Le festin de noce tournait quasiment à débauche.

Heureusement violon, haut-boys et tabourin de village vinrent prendre place sur une estrade, et commença le bal, que les mariés ouvrirent par le branle-gai.

Au passe-pieds et à la volte avec les cymbales, ils eurent grand succès. C'était merveille de les voir faire leurs tours, contours et détours, entrelacements et mélanges, affrontements et arrêts et de les trouver si bien appris sans confusion ni désordre.

Aucun d'ailleurs ne faignit (*) à la danse, et chacun s'en acquitta le mieux qu'il put. La plus prisée fut celle de la « jarretière », menée par les filles du pays. Celles-ci prenaient et s'entredonnaient leur jarretière par la main, la passant et repassant par dessus leur tête, puis les mêlant et entrelaçant entre leurs

(*) Ne s'épargna.

jambes en sautant dispotement par dessus et puis s'en développant et s'en désengageant gentiment par de petits sauts, toujours s'entresuivant les unes après les autres, sans jamais perdre la cadence de la chanson ou de l'instrument qui les guidait. La chose était très plaisante à voir, car les sauts, les entrelacements, les dégagements, le port de la jarretière et la grâce des filles portaient jolie lascivité mignarde, permettant de voir aisément une belle jambe et qui avait la chausse la mieux tirée et la plus belle disposition. Mais, cette danse ne peut guère se représenter que par la vue plutôt que par l'écriture.

Les deux petits épousés se trouvèrent vite las, car pour eux bien longue et fatiguante avait été la journée. Aussi pendant que les danses, passetemps et ébattements continuaient, les mères discrètement, sans perturber la fête, les firent-elles issir pour les accompagner en la chambre nuptiale, laquelle était celle de Bertrande.

En l'alcôve, fermée de rideaux, avait été installée une couchette au-dessus de celle de Bertrande, car, si jeunes ils étaient encore, qu'il n'était pas idoine de les faire coucher dans le même lit, attendant leur âge plus mûr.

Après fervente prière, faite tous à tous pour mercier le Ciel de cette journée mémorable, et les gentils baisers échangés, un chacun des deux bambins gagna sa couche, et, les fenêtres et portes closes, nul ne demeura avec.

Et ains finit cette désirée journée.

Longue fut Bertrande à trouver le sommeil. Vainement elle cherchait un sens à ce que, avant de les unir, avait bien recommandé messire le Curé sur les devoirs et la soumission que devait à tout l'épouse dans le mariage. Elle cogita seulement que ce grand jour, dont on oyait tant parler et dont on faisait moult mystère, vray, ressemblait fort à d'autres jours de fête.

Ne parvenant point à s'endormir, elle se

pencha hors sa couchette vers celle où, au-dessus d'elle, reposait son petit mari :

— « Dors-tu, Martin ? » demanda-t-elle d'une voix discrète.

Martin était déjà dans le pays des rêves.

II

DAPHNIS ET CHLOÉ

Où l'on voit comment esprit ne vient point aux garçons :

Ils grandirent ainsi, vivant plutôt guidés par la nature, insouciants et libres, ingénus et candides. Quel beau temps ce fut pour leur enfantine jeunesse !

Lui, aidait aux travaux des champs ; elle, tout jeunette qu'elle était, promettait déjà tous les bons heurs que chacun pronostiquait, tant gentillesse et bonté abondaient en elle et en faisaient fillette accomplie.

Le soir, après le souper de famille, ils retrouvaient leur petite couchette, telle qu'elle avait été pour leur nuit de noce.

Ils vivaient en aussi grand amour, mais aussi chastement que deux petits anges de Paradis. Ils approchaient pourtant de leurs dix-huit ans.

Plus d'une fois, ils avaient bien surpris quelques allusions malicieuses ; mais ils n'en avaient cure ni souci. Étant heureux ainsi, ils ne désiraient rien de plus, et pourtant lui n'avait plus autre chose en l'esprit que la recherche d'elle, maintenant grandelette et appétissante, s'ingéniant à lui complaire en tout.

Certes, chaque printemps les trouvait plus tendrement unis. L'amour gentil, qui était entré dans leur cœur, faisait leurs baisers plus profonds et plus prolongés.

Un jour, en voulant pour sa mie dénicher un nid, la branche s'était rompue et il était tombé, se blessant un peu. Elle l'avait ranimé par de douces caresses, le mieux qu'il lui fût possible : et alors leurs lèvres s'étaient confondues. Cela leur avait paru très doux.

Ils savaient bien qu'il y avait autre chose; mais cet inconnu les effrayait un peu.

Une autre fois que, après avoir fait des folâtries, ils s'étaient tous deux baignés dans la Cèze, de l'avoir vue si belle en sa nudité, il en avait éprouvé un émoi indicible, et, s'esgembant (*) tout près d'elle sur le siège naturel de la terre verte, il couvrait de baisers fous ce corps charmant, lui murmurant ces vers qu'il avait retenus :

(*) S'étendant.

Tu es faiblette et tendre chose ;
Tu es plus fraîche que n'est rose ;
Tu es plus blanche que crystal
Que nief qui choit sur la glace en val.
Ah! ton sourire! ah! ton baiser!
Quel savor a? Célestial (*).

(*) Dans la représentation d'Adam, drame liturgique du XIIe siècle, d'un poète inconnu : Tu es faiblette et tendre chose ; tu es plus fraîche que n'est la rose ; tu es plus blanche que le cristal, que la neige qui tombe sur la glace dans le vallon. Ah ! ton sourire ! ah ! ton baiser ! Quelle saveur a-t-il ? Il est céleste !

Oui, mais c'était toujours là qu'ils en restaient, et le retour au mas familial se faisait tout en chantant cette vieille pastourelle :

Ce fut en Mai,
Au dous tems gai
Que la saisons est bele!

Main (matin) me levai,
Joër m'alai
Lez (auprès) une fontanelle,
En un vergier
Clos d'esglantiers,
Oï une vïele,
Là vi dansier
Un chevalier
Et une damoiselle (*).

(*) Du vieux chansonnier Pierre Moniot.

CEPENDANT un beau jour, un camarade, auquel Martin avait fait confidence — de jeune à jeune, comme de vieux à vieux, il n'y a que la main — qu'il n'avait pas encore osé faire de Bertrande sa vraie femme, tança fort lui et lui dit d'un air moqueur :

— « Quoique tu ne sois point un Adonis, n'es-tu pas sain et dru, Martin ?

— « Ouy, par Dieu, fit répartie Martin.

— « Alors, par Sainte-Marie-la-Belle, ne feras-tu pas comme ton père ? Tu lui ressembles pourtant mieux que goutte d'eau. Si tu veux manger du pain, ne reste pas couché sur le son. Cela a été bon pour ton enfance, mais à st'heure, il n'est plus le temps de vivre en enfance. »

Martin le remercia et, le soir même, il demanda à ne plus faire qu'un seul lit avec Bertrande.

Mais moquerie n'est point remède.

Les jours, les mois passèrent, et ils venaient vers leurs vingt ans. La beauté de Bertrande commençait à faire paraître son épanouissement.

Devant son espérance si forte et son amour si grand pour elle, — car tout le trésor du monde était pour lui en elle, — Martin, tenté et retenté par ses caresses, appétait grandement la posséder. Mais était-ce malédiction du ciel ou maléfice de l'enfer : quand, le soir, dans le lit, couchés côte à côte en leur chemise, Martin s'approchait de Bertrande et lui donnait caresses et baisers, il devenait si émeu (*) et il lui prenait si grande sueur universelle que, non-seulement ses yeux, mais tout son corps jetaient des larmes, et il demeurait toute la nuit en grand stase, ten-

(*) Orthographe qu'on retrouve dans « émeute », qui, anomalie curieuse, s'écrivait alors « émute » et se prononçait émeute, tandis que « émeu » se prononçait « ému ».

tation et continence. Et devant cette virile et vénéreique vigueur qui lui défaillait, il s'en dépitait merveilleusement, n'estimant sa peine moindre que celle de Purgatoire.

Bertrande demeurait fort ébahie, car elle n'avait jamais vu un tel signe de regret ; et, nonobstant qu'elle lui passât ses bras polis à l'entour de son col, le berçant sur sa gorge très belle et blanche et pleine, usant avec lui de fort doux, mignard et gentil parler et ayant si beau visage qu'il ne fût si saint ermite qui n'y eût perdu ses patenôtres, Martin passait la nuit en tels pleurs, regrets et douleur d'être si peu bastant pour l'office ordinaire de mari, qu'ils ne se peuvent raconter.

LES amies de Bertrande, aussi indiscrètes que les camarades de Martin, eurent vite soupçonné du fait et lui donnèrent avertissement que le mariage était tout autre chose que ce qu'elle avait connu jusque-là, que les femmes ne sont point faites pour demeurer pucelines et continentes, et que pour son honneur et celui de sa famille, elle se devait de demander le Congrès, devant l'inhabileté et l'impotence de son mari, puisqu'il avait l'aiguillette nouée et était, comme on disait : de frigidis et malefiatis (*), à moins, ajoutaient-elles malicieusement, qu'elle ne voulût « contrefaire les pucelles de Marolles (*) ».

Mais Bertrande aimait beaucoup Martin, bien qu'il ne fût pas en effet pleinement gracieux de visage et de corps. Vray est que Amour est aveugle et aveugle de telle sorte que beau n'est point ce qu'on aime, mais ce qu'on aime qui est beau. Aussi prenait-elle en très mauvaise part le conseil de ces indiscrètes, lequel elle trouvait bouffonnesque, et disait qu'elles voulaient seulement la mettre en mauvais ménage avec Martin en les brouillant de leur commun amour. Outre, elle pensait bien que le temps et la patience amèneraient heureuse fin à leurs labeurs. Aussi, quand elle se fut fait expliquer ce que c'était que le Congrès, cela lui parut si odieux qu'elle se refusa nettement à ce prix à ôter de Martin sa fantaisie et à faire par un tel procédé le sauvement de ce qu'on lui disait être son honneur.

(*) Des froids et maléfiés.

(*) Dicton fort usité au XVIe siècle (Cf. Brantôme : *Les Dames Illustres*) mais dont l'origine n'a pu être retrouvée

Cette épreuve de la puissance ou de l'impuissance d'un des époux — du mari le plus généralement — était ordonnée par justice et se faisait en présence de chirurgiens et de matrones. Elle devait courroucer si fort Boileau, que, dans sa Satire VII, il s'écrie indigné :

Jamais la biche en rut n'a, pour fait d'impuissance,
Traîné du fond des bois un cerf à l'audience ;
Et jamais juge, entr'eux ordonnant le Congrès,
De ce burlesque mot n'a sali ses arrêts.

Cette ridicule épreuve devait d'ailleurs être supprimée en 1677, à la suite du procès scandaleux de la comtesse de Langey contre son mari.

Bertrande se contentait, pour ne point changer son bon jugement envers le sien, d'aller en l'église faire force prières et oraisons. Même, sur le conseil qui lui en fut donné, elle s'adressa à un pieux cordelier d'un couvent voisin. Celui-ci déclara qu'elle devait faire pénitence et que le plus efficace serait qu'elle portât la corde du moine sur sa chair toute nue, ce qu'elle accepta, lui demandant de la lui bailler. — « Ma fille, lui dit le religieux avec des regards assez ardents pour faire brûler une glace, il ne serait pas bon de vostre main ; il fault, pour chasser le Démon, que les miennes propres vous l'oient premièrement ceinte. »

Bertrande, toute confuse, — car, nous dit-on, elle était d'une aussi grande piété que d'une beauté rare, — s'y refusa. — « Comment, lui dit le moine, êtes-vous hérétique qui refusez les pénitences selon que Dieu et notre mère la saincte Église l'ont ordonné ? Alors je ne peux rien pour vous. »

Bertrande, qui était aussi très douce, avait la conscience troublée et se voyait bien marrie, car elle avait peur d'avoir failli au refus qu'elle opposait ; mais elle ne put se résoudre.

Lors, elle s'adressa au curé d'Artigues pour rompre le maléfice, et, comme dit Montaigne, dresser une contre-batterie d'enchantements. Le curé se contenta de les soumettre tous deux aux cérémonies superstitieuses, auxquelles la crédulité de ce temps attribuait vertu de lever les envoûtements. Ils durent manger des fouaces, sorte de pain fait de fleur de farine, en forme de galette, cuit sous la cendre et mis sur l'autel au moment du sacrifice ; on leur fit avaler quelques hosties non encore consacrées ; quatre messes furent dites par quatre prêtres différents ; ils durent importuner Dieu de force prières : tout fut inefficace.

Un camarade, ennemi de tout repos, par malice ou par amitié de vouloir le réconforter, lut en confidence à Martin — car celui-ci savait à peine épeler — une pastorale qu'on disait d'un Grec, et qui venait de paraître sous traduction d'un professeur de l'Université de Bourges, le sire Amyot.

Cette histoire intitulée : « les Amours de Daphnis et Chloé », avait grand succès et devait lui apprendre tout ce qu'il semblait ignorer encore et notamment que Amour a toujours un commencement difficile, comme si ce retardement n'était fait que pour trouver jouissance meilleure.

Cependant Martin n'avait point désir de hanter d'autres femmes, ne prenant plaisir qu'à voir s'amie, à la bien contempler, puis après à l'aimer davantage, sans appétit d'autrui, s'ébahissant de ce qu'elle était tant fraîche et pleine de grâce et beauté telle, que celle de toute autre n'était que laideur auprès. Il ne lui semblait pas être sous le Ciel une plus parfaite et charmante créature.

Il est de fait qu'elle réunissait — ou presque — les trente belles conditions qu'exige un vieux dicton de Tolède pour qu'une femme puisse prétendre à la perfection (*) :

(*) Dicton reproduit dans un vieux livre français intitulé : *De la louange et beauté des Dames*, mis par Cormier en 18 vers latins et par Vincentio Calmeta en vers italiens.

Trois choses *blanches :* la peau, les dents et les mains.

Trois choses *noires :* les yeux, les sourcils et les cils.

Trois choses *rouges :* les lèvres, les joues et les ongles.

Trois choses *longues :* le corps, les cheveux et les mains.

Trois choses *courtes :* les dents, les oreilles et les pieds.

Trois choses *larges :* la poitrine, le front et l'entre-sourcil.

Trois choses *étroites :* la bouche (l'una y otra), la taille et le bout du pied.

Trois choses *grosses :* le bras, la cuisse et le mollet.

Trois choses *déliées :* les doigts, les cheveux et les lèvres.

Trois choses *petites :* les tétins, le nez et la tête.

Soient trente en tout, que Martin trouvait à Bertrande. Et pourtant combien de femmes peuvent prétendre réunir ces sis (*) tous ensemble ! Est-il assuré que celle même que Ronsard a faite si belle ait été de ce moule de perfections ? Qu'elle en ait seulement plus de moitié des principales, et la défectuosité des autres s'en trouvera étouffée.

(*) Sy et Sis = conditions.

Maintenant Martin aimait-il sa Bertrande oûtre raison ? En tout cas et il le lui disait à tout propos et hors de propos, vray est non point pour s'en bien convaincre de crainte de n'en être pas assez assuré, comme tant d'étourneaux d'amour, mais comme cœur qui le bien pensait et éprouvait besoin de le faire entendre, se mettant en outre, à toute heure, en peine de le lui manifester, tant par regards piteux et doux que par soupirs et contenance passionnée ; et, la nuit, il avait des rêves enchanteurs, dont Bertrande seule avait tout l'honneur. Mais quand la bien-aimée se réveillait et qu'il tentait de les réaliser, malgré ses doux attraits et plaisants allèchements, embrassades et attouchements, l'émotion continuait à paralyser son ardente affection, qui cependant n'épargnait sa peine, ses forces ni ses efforts pour la bien contenter et bien combattre ; et, tout convoiteux qu'il fût d'elle, il ne pouvait que maudire l'avare Nature, qui le faisait flac, lâche et fripé.

Bertrande, fort chaleureuse et ne tenant plus qu'à être vaincue, rougissait, lui jurant qu'elle ne souhaitait rien tant que de lui voir parfait contentement, l'appelant, en taquinerie, méchant et fol, et lui suschetant à l'oreille qu'elle attendrait la bonne heure qu'il se remît et qu'elle ne voudrait jamais aimer autre que son mari — car il était chatouilleux en cela et jaloux comme un ladre de son barillet.

Lors, comme si la volonté humaine était immuable, ils se juraient et promettaient un amour perpétuel. On croit aisément ce qui est dit par personne que l'on aime ; mais ce n'était en leur pouvoir, et ceux le savent qui ont expérimenté combien durent tels serments.

CEPENDANT une nuit magnifique, où la brise embaumée, qui par fenêtre ouverte venait des bois et des champs, eût grisé les plus rebelles, où l'air était chargé de voluptueuses effluves, où toute la nature semblait en rut, Martin, parvenant, comme par miracle, à vaincre ses émotions et à prendre son vol nuptial, renversant tous les obstacles, emporté au-dessus de la vie par un double élan, put enfin, impétueux, dans l'allégresse, monter à l'empyrée, et, en cette minute inouïe, connaître la prestigieuse ivresse de l'hymen accompli et sortir triomphant du déduit (*).

Mais il gagna tant la bataille que Bertrande retomba comme morte et pâmée.

(*) « Les huit premières années, rapporte Gayot de Pitaval, il eut le sort de Tantale: quelque brûlant désir qu'il eût, il ne pouvait posséder sa femme. Il se croyait maléficié, ensorcelé. Enfin lorsqu'il approcha de vingt ans, il fut en état de faire usage des appâs de sa femme. »

En voyant quelle cruelle blessure faisait à s'amie ce combat singulier et que son feu et sa joie s'étaient convertis en glace et tristesse, lui donnant la couleur blême, les lèvres bleues et les extrémités froides, il en prit si grand déplaisir qu'il en pleura : il croyait en effet qu'elle était au dernier pas de sa mortelle vie.

Cependant sa chère Bertrande, oyant la voix que tant bien elle connaissait, reprit un peu de vigueur, entr'ouvrit l'œil, regardant avec tendresse merveilleuse celui qui l'avait tant mise à mal, et, avec une voix demi-morte, commença de gémir, comme si son âme s'en dût aller par ses larmes, et bientôt, avec un piteux soupir, se laissa tomber derechef toute évanouie.

Le pauvre Martin ne se sentait pas le cœur à fringuer sur ses lauriers. Tout au contraire il faisait sa coulpe, se disant traître, méchant et malheureux, demandant pourquoi la pugnition de sa faute n'était pas tombée sur lui et non sur elle, qui était innocente : « Hélas m'amie, disait-il tout marri, le malheur des malheurs, le plus malheureux que oncques fût, m'est advenu. Te cuydant garder, je t'ai perdue et t'embrasse comme morte, mal content de moi. Pourquoi ce beau chemin conduit à la vallée de regrets et de pleurs ! » Et lors, le pouls fort ému, il prit grande peur, sentant si forte douleur que son cœur avait bien à faire à soutenir les assauts du regret que Amour lui donnait, se répétant, comme remords, ces vers de Villon :

Corps féminin, qui tant es tendre,
Polly, souef (*), si précieux,
Te fallait-il ces maulx attendre !

(*) Suave.

AVANT la nuit fermante, quand la pauvrette reposait encore, il tua le flambeau de cire allumé et se leva sans éveiller s'amie ; puis, se mettant la cape à l'entour de son col pour se cacher le visage, adieu lui dit, et le plus doucement qu'il pût, quasi l'haleine lui manquant, il se prit à saillir de la chambre et, sans bruire, se sauva comme un harpailleur, fuyant, épouvanté, celle qu'il laissait tendrette.

Il était encore nuit, et la nuit n'a pas de honte; mais il avait bâti le commencement de son malheur, qui fut tel qu'il sera ouï.

III

LE COUP DE JARNAC

Où tel, comme dit Merlin, cuyde engeigner aultrui, qui souvent s'engeigne soi-même :

UN apophtegme, qui lors avait cours prétendait que :

Chastaigneraye, Vieille-Ville et Bourdillon
Sont les trois grans compaignons (*).

(*) Le premier, né en 1520, le second en 1509 et le troisième était plus âgé.

C'étaient bien les trois plus vaillants de cette époque, depuis la mort du bon chevalier « sans paour et sans reprouche », le gentil seigneur de Bayart, dont humaines louanges étoient espandues par toute la chrestienté, et qu'ils se donnaient comme modèle. Cettuy-ci, en effet, se connaissait en honneur tant que c'était merveille, et gardait par le monde verdoyante et immortelle couronne de laurier, car, ainsi que le dit le Loyal Serviteur en son Histoire, « depuis l'incarnation du Rédempteur, il ne s'est trouvé prince, gentil homme ou autre de quelque condition, qui ait vécu plus furieusement entre les cruels, plus doucement entre les humbles, ni plus humainement entre les petits ».

IMBERT de la Platière, seigneur de Bourdillon, écuyer des écuries du Dauphin, avant qu'il ne fût roi, revenait de la campagne de Piémont. Il était bien venu du roi et de la reine, estimé mêmement d'aucuns parce qu'il était homme de bien et d'honneur, et d'aucuns non, car la Renommée trompette le mal comme le bien, et certains lui reprochaient d'être, bien qu'il eût assez de quoi et moïens sans cela, trop enrichi des écus de Savoie et rapineux des dépouilles de nos villes de Piémont, lesquelles nous avaient tant coûté d'argent et de sang.

Le sire de Bourdillon était plus âgé que ses deux compagnons; mais il se contenait si proprement et mignonnement qu'il semblait un homme de trente ans, ou presque. D'ailleurs de bonne grâce, et haute taille, et belle apparence, fort brave, mais moult sage et froid en ses conseils et actions, même en paroles et rodomontades.

Quand, pour faire diversion aux guerres de Piémont et aussi soulager et divertir son esprit des brouilleries et cabales de la Cour, il venait séjourner en sa province — car il était de Gascoigne — ledit sire de Bourdillon aimait à chasser, aux environs de Pamiers, où, d'ailleurs, il avait castel, en compagnie des seigneurs de Barbezan et Lespan, enfants du seigneur de Lautrec, de la noble maison de Foix.

A maintes reprises, il avait mené ses chiens sur les terres d'Artigues, pour ce qu'il y avait fort belles chasses, et souventes fois Martin Guerre l'avait conduit sur la meilleure piste.

Le seigneur de Bourdillon en était venu à s'intéresser à ce jeune rustaud, qui avait si gente femme ; et, soit calcul pour éloigner un mari importun, — bien qu'il fût lui-même en secondes noces avec dame Françoise de Birague, fille unique de celui qui allait devenir Chancelier de France, puis cardinal, — soit sincère bienveillance, il avait proposé à Martin de le faire son écuyer et de l'emmener, quand il retournerait dans quelques mois à la Cour.

L'offre était tentante ; mais jamais, pensait le jouvenceau, il ne pourrait se résoudre à quitter épouse si chère.

C'est pourtant le sire de Bourdillon qu'il alla trouver tout incontinent quand le mystère de la génération lui apparut à sa première révélation comme une folie ridicule, suivant l'expression de Thomas Morus dans son *Utopie*.

Mettant le bonnet hors de la tête et un genou en terre, Martin, très humblement, sollicita du seigneur de Bourdillon qu'il lui agrée de le prendre parmi ses gens.

Cettuy-ci y consentit, l'équipa à l'advantaige, l'arma du gorgerin et de la secrète, et le monta sur un jeune courserot (*).

Dès le lendemain, ils quittaient Pamiers.

Durant la route, le sire de Bourdillon ne dissimula point à son écuyer ce qu'ils allaient faire à Paris et quel serait le rôle qu'il aurait à jouer.

Si Martin Guerre était fort ignorant de ce qui n'était pas Artigues et sa chère Bertrande, et s'il montrait plus de candeur qu'il ne convenait à un gars de son âge, à dire le vrai, ce n'était pas un sot : sous sa forme naïve, il était réfléchi et avait même une certaine sagacité de l'esprit, lequel ne demandait qu'à s'ouvrir.

Or donc Martin comprit qu'ils s'acheminaient vers Saint-Germain-en-Laye près Paris où se trouvait la Cour, et ce, dans le but de soutenir le parti de la Châteigneraye, lequel avait relevé un défi en champ clos, porté par le sire de Jarnac. Questions de femmes que notre Martin eut plus de peine à démêler.

Il est de fait que la chose était assez embrouillée :

(*) Equiper à l'advantaige = armer de pié en cap, — gorgerin = pièce de l'armure protégeant la gorge ; — secrète = casque sans visière pouvant être porté sous le heaume ; — courserot = jeune cheval de bataille.

FRANÇOIS de Vivonne, seigneur de la Châteigneraye, était un gentilhomme périgourdin de 26 ans, guère plus. Sa bonne fortune lui avait donné pour parrain le roi François, premier de ce nom, qui l'avait fait élever en la Cour et dont il reçut si bon accueil, que non seulement il le prit pour un de ses enfants d'honneur, mais le tint près de lui et de sa chambre, l'appelant son filleul ou « sa nourriture ». Depuis qu'il était trié de sa nourrice, on mêlait à tous ses mangers et boire de la poudre d'or, d'acier et de fer, remède souverain pour le bien fortifier (*). Aussi bientôt à la Cour il ne fut bruit, que chacun lui donnait, d'être un des plus fiers et braves et aussi des plus hardis et adroits aux armes qui ne fût de son temps. Mêmement il était réputé pour son habileté à la lutte et à l'exercice, tant qu'il n'y avait en la Cour son pareil et il était célèbre par sa force physique, qu'il mettait au service de son outrecuidance exorbitante et de sa querelleuse humeur. « S'il va jamais en enfer, affirmait son père, il fera si grand paour aux diables qu'il les en

(*) Cf. Brantôme.

chassera tous et s'en rendra maître, tant il est fort. »

Son neveu Brantôme, de sept ans seulement plus jeune que lui, disait que son oncle, brusque, prompt et un peu volage, « n'avait que cela de mauvais qu'il était trop haut à la main, scallabreux s'il en fût onc, et querelleux ».

Son souci, du temps du feu roi, avait toujours été de ménager l'avenir en s'attirant la faveur du dauphin Henri.

Or Diane de Poitiers, délaissée par le roi François, était devenue, bien qu'elle ne fût plus de prime jeunesse, la maîtresse du prince Dauphin. Depuis lors, elle gardait rancœur profonde contre la femme, beaucoup plus jeune, qui l'avait supplantée. Et depuis vingt ans cette rivalité existait inapaisée entre Diane de Poitiers, duchesse de Valentinois et Anne de Pisseleu, faite duchesse d'Étampes.

Et pourtant cette dernière n'était plus depuis longtemps que la garde malade d'un roi vieillissant et cruellement blessé par la belle Ferronnière.

Diane n'en conservait pas moins rancune vivace et elle parvint à amener son amant, le dauphin Henri, sur qui elle avait pouvoir absolu, à tenir sur le beau-frère de la duchesse d'Étampes, le comte Gui de Chabot, seigneur de Jarnac, des propos offensants, destinés en réalité à atteindre celle-ci (*).

La duchesse d'Étampes demanda au roi justice de ces bruits calomnieux, et Jarnac, qui n'avait ni en armes, ni en amour, aucune faute de hardiesse, entreprit de pourchasser vivement ceux qui les avaient tenus et déclara que quiconque l'avait dit ou s'en fût vanté en avait menti.

(*) — « C'est sa belle sœur qui l'entretient fort paisiblement et il en tire ce qu'il veut de moiens pour paroistre à la Cour, » avait-il dit. Il aurait même ajouté : « Il couche avec sa belle-mère autant qu'avec sa belle-sœur. »

Le Dauphin, était assez mal avec son père, François Ier. Le roi avait tenu son fils ainé, François, en grande tendresse, et, à la mort d'icelui, qu'on disait avoir été méchamment empoisonné par Charles Quint, il avait reporté toute son affection sur son fils troisième, Charles, duc d'Orléans, gardant fâcherie contre le cadet Henri, devenu dauphin, de ce que, sans décence, cettuy-ci avait pris comme maîtresse celle qui avait été sienne et avec laquelle il avait continué commerce. Aussi le dauphin Henri n'osa-t-il se reconnaître l'auteur du scandale que ses propos malveillants venaient de provoquer.

La Châteigneraye, toujours curieux de plaire et voyant le dauphin en peine, prit sur lui le démenti pour son maître et proclama que Jarnac lui-même s'était vanté auprès de lui de ce que contenait ce propos et qu'il le combattrait là-dessus. Mais le roi dernier, mal content et amutiné, se refusa à permettre le duel.

A la mort de celui-ci, Jarnac, ne voulant rien démordre de son honneur, demanda au nouveau roi, lors de son avénement à la couronne, l'autorisation de venger cet honneur, et, le 23 avril 1547, il l'obtenait enfin sans grande difficulté.

La nouvelle se mit à trotter par la bouche d'un chacun et se répandit en tout le royaume comme une traînée de poudre.

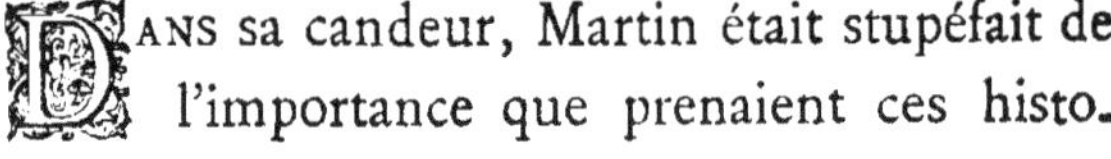

DANS sa candeur, Martin était stupéfait de l'importance que prenaient ces historiettes de femmes, que les Villon, les Marot et les Brantôme appelaient tout uniment des catins, quand encore ce n'était point d'un mot plus cru. Il est de fait que, dans l'Histoire, ces hétaires royales tiennent plus de place que les reines légitimes. Vray est que les reines d'alors, portées au trône, qu'elles soient d'Angleterre, de Suède ou de Russie, méritent tout aussi bien l'épithète.

Arrivé à Paris dans les premiers jours de juillet 1547, Martin Guerre avait été aussitôt admis parmi les gens de la Châteigneraye, auxquels s'étaient joints ceux de Vieilleville, aussi gaillards hommes d'armes qu'il y en eût en la chrétienté.

Quelqu'un d'Artigues, qui l'eût vu, portant écharpe colombine (*), monter fièrement la garde à la porte du champion du roi, rue Thibault-aux-Dez (*) n'aurait guère reconnu le timide et emprunté mari de Bertrande. C'était un vrai émerillon.

(*) Couleur gorge-de-pigeon.

(*) Aujourd'hui, rue des Bourdonnais.

Le neuvième du mois de juillet 1547, on partit pour Saint-Germain-en-Laye.

Le roi avait fait dresser les lices sur cette

magnifique terrasse qui regarde Paris. Pour jouir de ce tournoi del muerte, la noblesse de province, même la plus impécunieuse, s'était mise en route dès que le duel avait été annoncé, et était accourue en foule. Elle couchait dans la forêt et prenait ses repas sur l'herbe. Les moins fortunés déjeunaient de pain sec et buvaient au fleuve. On retrouvait parmi eux des figures d'un autre âge : tels pourpoints dataient de Louis douzième ; tels destriers boitaient depuis Pavie.

Le lendemain 10 juillet, dès la sixième heure du matin, les lices étaient ouvertes. La Cour et les ambassadeurs qui avaient été conviés, parmi lesquels se faisait remarquer celui des Turcs (*) se rangeaient pompeusement sur les estrades. Ailleurs, ceux qui avaient droit d'entrée se casaient comme ils pouvaient. De Paris étaient venus, non-seulement la Robe et l'Université, mais aussi un infini peuple, bruyant et curieux, d'écoliers, d'artisans et même de vagabonds. Dans la presse où ils étaient, on s'étouffait. On vou-

(*) Brantôme : Discours sur les Duels.

lait voir non-seulement les champions, mais aussi celui qui succédait au roi-chevalier, à ce bel acteur, à ce grand homme au grand nez, de haute mine, de noble épée, dont les folies étaient déjà des légendes et que Paris n'avait point oublié aussi vite que la Cour.

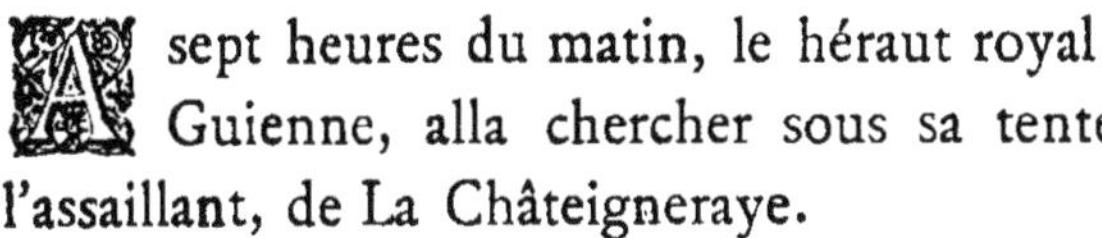

A sept heures du matin, le héraut royal, Guienne, alla chercher sous sa tente l'assaillant, de La Châteigneraye.

Celui-ci entra dans les lices à cheval, l'épée au poing, à grand bruit de trompettes et de tambours, conduit par son parrain, François de Guise et accompagné par ses deux partisans : les sires de Vieilleville et de Bourdillon, suivis chacun de leur écuyer. Étaient avec eux de compagnie trois cents gentilshommes, vêtus aux couleurs éclatantes de la Châteigneraye : blanc et incarnat, les meilleurs quant à la hardiesse et jeunesse.

Le champion « honora » le camp par dehors en faisant le tour, pour être ensuite reconduit solennellement à son pavillon. Le combat ne devait en effet avoir lieu qu'à la fin du jour.

Il ne faisait de doute pour personne, et pour de la Châteigneraye moins que pour tout autre, que l'affaire était finie avant que de commencer : évidemment Jarnac était occis.

Il est de fait que de la Châteigneraye était non-seulement fort adroit aux armes, mais de courage invincible et qu'il avait fait mille preuves et hasards de sa valeur, tandis que Jarnac faisait plus grande profession de courtisan et dameret à se curieusement vestir, que des armes et de guerrier.

Le mépris qu'il faisait de son ennemi et sa non moins grande fiance et présomption de soi étaient tels que La Châteigneraye s'occupait déjà de son triomphe. Pendant que violes et hautboys faisaient pause, sortant de son pavillon, il allait par la Cour, baillant tout le monde à dîner pour ses noces prochaines.

Il était bon d'être de son parti, car c'était être de celui de Diane de Poitiers et des

Guises. A ceux-là, non plus qu'aux hirondelles les mouches, il ne leur échappait : états, dignités, évêchés, abbayes, offices ou quelqu'autre bon morceau qui ne fût incontinent englouti.

JARNAC était en prédicament (*) à la nouvelle Cour. Il trouva cependant dans le duc de Vendôme, fort opposé aux Guises, un Bourbon qui s'offrit à être son parrain ; mais le roi s'y opposa et Jarnac ne put être assisté que d'un grand écuyer d'une famille tombée, presque déchue : Claude Gouffier, seigneur de Boysi.

(*) Défaveur.

Indigné d'une telle partialité, le duc de Vendôme quitta les lices et fut suivi des princes du sang.

DEPUIS deux mois, Jarnac s'était préparé à la mort, et avait fait de grandes dévotions. Toutefois, et pour ne rien négliger, il avait fait venir un renommé maître italien, le capitaine Caize, qui avait invention de bottes secrètes pouvant dérouter un bretteur de profession. Cet Italien s'informa, observa. Il sut que La Châteigneraye gardait un bras quelque peu raide d'une blessure d'arquebusade qu'il avait reçue à l'assaut de Coni, en Piémont, et il dressa là-dessus son plan de campagne.

Jarnac étant « l'assailli », avait le choix des armes : il opta pour l'armure gothique et lourde qu'on portait aux combats de ce genre cent ou deux cents ans plus tôt. Ce fut une surprise pour l'autre parti. La raideur d'un tel accoutrement gênerait les mouvements du bras jadis blessé de La Châteigneraye.

Toute cette discussion des armes avait pris la plus grande partie de la journée (*), et ce n'est qu'un peu avant 7 heures du soir que le roi fut prévenu que le combat était à ses ordres.

(*) Cf. dans Brantôme le « Roole des Armes que Jarnac envoya à La Châteigneraye ». Il y avait plus de 30 sortes d'armes, tant de pied que de cheval.

LA Cour arriva, qui, à chevaux, coursiers, genêts, chevaux d'Espagne, barbes et autres, les uns plus fringants que les autres, avec des housses de velours toutes en broderies d'or et d'argent ; qui, en carrosses des plus brillants et riches et des mieux attelés et traînés par des coursiers des plus beaux qu'on eût su voir.

Le cortège mit pied à terre et se forma. D'abord venait la reine, avec ses dames et demoiselles, moins entourée que la favorite Diane de Poitiers. De fait, auprès de cette dernière, bourdonnait tout un essaim bruyant de jeunes gentilshommes et de jeunes femmes richement parées, dont quelques-unes étonnaient, car elles affectaient de « se garçonner », comme on disait déjà selon Brantôme, croyant séant, pour se faire montrer plus belles, de s'adoniser d'un bonnet, porté, comme celui des muguets, au devant du front, avec une plume attachée à la guelfe ou à la gibeline. « Bast ! pensait Martin, quand ces princesses et ces putes sont rafraîchies de leurs fards et de leurs parements, pour le seur, ce sont des femmes comme les autres et pas plus belles et mignardes que ma Bertrande ! » Et il songeait avec marisson à la tendrette qu'il avait si délibérément laissiée, se remembrant son heur d'antan. Alors tristesse lui tintinabulait dans le cœur : il se fâchait à lui, se déprisait de sa lâcherie et appétait désir chaleureux de revoir s'amie toute nudifiée.

Mais il avait peu de temps à accorder à ses regrets. Cette équipée vers l'inconnu, les mille incidents de la route, l'imprévu qu'apportait chaque journée, ce spectacle de la Cour, de vray, l'intéressaient merveilleusement. Et puis, il allait enfin apercevoir le Roi.

Il en demeurait là, ouvrant de grands yeux, bouche bée, tout esbaubi, ne s'apercevant pas que son maître s'était éloigné. Un grand escogriffe le rudoya, lui demandant ce qu'il faisait à rester planté comme le gibet de Montfaucon, et si c'étaient là façons d'écuyer.

Le roi apparaissait en effet, grave et sombre, au milieu de ses muguets aux cheveux frisés et refrisés, portant bonnets de velours et fraises de chemise de toile empesée. Grand, fort, bien taillé, mais sans élégance, il avait un visage au teint plombé, où la tristesse et l'ennui étaient peints. Avec cela de grosses épaules qui lui donnaient un air pesant. Il est certain que, d'un naturel débonnaire, il était d'un esprit lourd et paresseux, pensant le moins possible, ne lisant point, parlant peu. Dominé par une femme de 49 ans, soit de près de 20 ans plus âgée que lui, il paraissait fait pour être gouverné et non pour gouverner (*). Surtout, dit l'envoyé d'Espagne, Simon Renard, « il était né saturnien », c'est-à-dire sous l'astre sinistre des naissances fatales, des existences malheureuses.

(*) François Beaucaire de Péguillon, précepteur du cardinal Charles de Lorraine : Rerum Gallicarum commentaria ab anno 1541 ad annun 1562.

LA chaleur, l'attente, la fatigue avaient porté au comble l'excitation des spectateurs. Dès que le roi eut pris place, les hérauts demandèrent le silence.

« Laissez-les aller, les bons combattants », déclara Sa Majesté.

Lors les assistants des deux champions allèrent prendre chacun d'iceulx dans leur pavillon respectif et les amenèrent dans la lice.

Après une salve d'arquebusades et de pistolétades, le héraut commença de ſaire son cri, tel qu'on a coutume de faire en pareil cas : « que nul ne fît signe, ne crachât ou ne toussât, ni ne fît autre chose dont un des combattants pût être averti ».

Cela fait, on vit s'avancer deux masses de fer marchant lourdement l'une sur l'autre : l'une forte et trapue : de la Châteigneraye ; l'autre longue, et mal assurée : Jarnac. De la Châteigneraye était en effet bas sur jambes, carré d'échine et plutôt peu séduisant de visage. Jarnac, tout au contraire, plus âgé que son adversaire de trois ans, était beau, élégant, grand, voire long, mais délicat et faible (*).

Ce fut un rude combat : ils ne se voulaient ruer coup qui fût perdu. Jamais acharnement plus grand ne se montra depuis que Dieu créa ciel et terre. Mais la Némésis s'attache aux heureux, lorsque, dans leur orgueil, ils ne savent plus se maîtriser, a dit Socrate. Bientôt, tandis que la Châteigneraye se fendait, poussant d'estoc, Jarnac, se découvrant de sa

(*) Brantôme, dans son Discours sur les Duels, est plus indulgent pour son oncle : il le représente comme ni trop haut ni trop petit, avec la taille bien prise très nerveux et peu charnu. Il le rajeunit un peu trop complaisamment par rapport à son adversaire.

pointe, hasarda un coup de tranchant sur le jarret de son adversaire.

Le coup imprévu porta si bien que ce dernier chancela et parut ébloyer, ce dont Jarnac profita pour donner un second coup d'une telle force que cette fois le jarret fut tranché. De la Châteigneraye tomba lourdement à terre : « Rends-moi mon honneur, dit Jarnac, et crie merci à Dieu et au Roy... Rends-moi mon honneur ! »

De la Châteigneraye demeurait muet.

Alors, traversant la lice et s'avançant jusqu'au roi, Jarnac mit un genou en terre et demanda : « Sire je vous supplie que vous m'estimiez homme de bien. Je vous donne la Châteigneraye. Prenez-le, Sire ! Ce ne sont que nos jeunesses qui sont cause de tout cela. »

Sa Majesté ne répondit rien.

Devant le mutisme persistant du roi, Jarnac revint vers son adversaire et, sans l'approcher de trop près, — car il le savait capable d'exercer sa dernière furie déterminément, — il répétait, se frappant la poitrine de son gantelet de fer : « Non sum dignus, Domine ! »

Puis il pria de la Châteigneraye de rentrer en lui et d'aviser à sa salvation. En réalité, il cherchait plutôt à temporiser jusqu'à ce que le roi eût jeté le bâton. Et, de fait, le blessé dans un accès de fureur, se leva sur le genou, ressaisit son épée et d'un mouvement désespéré fit mine de la laisser retomber sur Jarnac : « Ne bouge, dit ce dernier : je te tuerai. » — « Tue-moi donc ! » et il retomba si fort blessé qu'il paraissait comme mort à la place.

Pour la seconde fois Jarnac retourna au roi.

Ce fut pitoyable à voir.

Il se mit encore à genou : « Sire, Sire, je vous en prie, veuillez que je vous le donne, puisqu'il fut votre nourriture... Estimez-moi homme de bien !... Si vous avez bataille, vous n'avez gentilhomme qui vous servira de meilleur cœur. Je vous prouverai que je vous aime et que j'ai profité à manger de votre pain. »

Le roi demeura obstinément silencieux et impénétrable.

Le blessé gisait sans secours, couché dans

son sang. Jarnac, pris de pitié, revint encore une fois vers lui pour lui dire avec émotion : « Châteigneraye, mon ancien compagnon, reconnais ton Créateur, et que nous soyons amis. »

De la Châteigneraye était fort mal. Il pouvait trépasser. Le Connétable, comme principal, premier et plus vieux officier de la couronne, descendant dans la lice, ainsi que sa charge et son devoir lui commandaient, vint voir le moribond ; puis se rendant près du roi : « Regardez, Sire : il le faut ôter. »

L'assemblée se montrait indignée, et des murmures se faisaient entendre. Le roi comprit qu'il fallait enfin sortir de son silence et, baissant ses grosses épaules, il jeta à Jarnac ce mot sec : « Me le donnez-vous ? »

— « Oui Sire... Suis-je pas homme de bien ? »

— « Vous avez fait votre devoir et vous doit être votre honneur rendu », dit faiblement le roi, en jetant son bâton dans la lice.

Un tel geste portait en soi telle loi si rigoureuse qu'aussitôt qu'il était fait, il ne fallait que pas un des deux combattants passât plus outre, ains qu'il cessât et retirât aussitôt son coup, quand bien il l'aurait tout prêt de le faire, et puis soudain les juges maréchaux et gardes du camp survenaient, qui séparaient le tout.

Le mourant avait été emporté en une litière en son pavillon. La foule n'attendait plus que, selon les anciens usages, le vainqueur, au son des trompettes, fût mené en triomphe par les lices. Mais, au dire de Brantôme, M. de Vandosme, depuis roy de Navarre, dissuada le roy, qui, oubliant vite son favori, « en branlait aucunement dans le manche et s'y laissait quasi aller que ledict Seigneur de Jarnac se pourmenast par le Camp, à la mode de triomphe en trompettes sonnans et tabourins battans, et ce, malgré que M. de Boysi, très sage Seigneur, parrain du seigneur de Jarnac, en fût d'avis. Mais si cela fust esté, pour le seur, il y en eust eu de l'escandalle, mais bien grand, car la tentation en fust esté trop grande » : la bande de la Châteigneraye, au nombre de cinq cents gentilshommes et tous vêtus de ses couleurs, branloit pour franchir la lice, sauter dans le camp et y faire une sédition bien étrange et et un remûment qui n'eût rien valu. « Voilà pourquoi, ajoute le maréchal de Vieilleville, il faict bon d'estre sage et modeste en telles occurrances. »

Bref, pour ne point faire le conte plus long, Jarnac se retira suivi de ses seuls partisans, portant ses couleurs : blanc et noir.

« Ce que c'est que le monde ! » dit Brantôme.

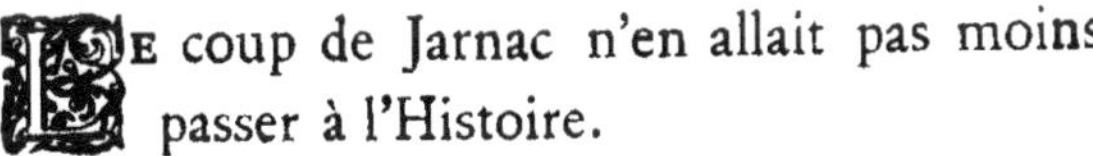

Le coup de Jarnac n'en allait pas moins passer à l'Histoire.

IV

MARTIN S'EN VA-T-EN GUERRE

Où l'on ne sait quand il reviendra :

DANS le parti de la Châteigneraye, la déception fut grande de cette dolente et malheureuse journée, d'autant mieux que la faveur royale s'était sur-le-champ manifestement retirée de son curial favori. On disait qu'il fallait attribuer cela au naturel du roi, qui était de n'aimer rien et être peu ferme en ses amitiés. Pendant qu'elles duraient, il favorisait sans mesure ceux qu'il affectionnait et les gratifiait d'une infinité de libéralités ; puis il les licenciait de son amitié également, sans savoir pourquoi, sinon qu'il en était las (*).

(*) Brantôme et Pasquier.

Quant à la Cour, elle n'attendit point la mort du champion vaincu pour suivre exemple venu de si haut. Les ailes enlevées, le papillon le plus brillant, n'est plus qu'une chenille. On vit combien nombreux avaient envieuse haine contre lui pour la jalousie que leur avaient apportée son avancement et sa gloire. La Cour est un Prothée qui change de forme tous les jours : elle rit au commencement à ceux à qui faveur sourit, et puis les rechigne et aucunes fois les mord, quand ils n'ont plus de maîtrise, oubliant ceux qui mieux servaient et follement dépensaient pour elle. Mais l'homme malostru qui est alléché y aime mieux pourrir que s'en aller (*).

(*) Alain Chartier : Le Curial. Curial = courtisan.

De la Châteigneraye n'était point de ceux-là. Il se trouva tellement humilié de sa défaite que, bien que sa jeunesse semblât devoir combattre la mort et s'en rendre victorieuse, point n'y voulut survivre : accablé de déplaisir, il ne pouvait souffrir de n'avoir plus l'humeur fière et altière, avec laquelle il avait toujours vécu. La nuit suivante, il prit son épée par la poignée et baisa la croisée en souvenir de la croix et en disant tout haut : « Miserere mei Deus, secundum magnam misericordiam tuam. » Puis il arracha les bandes qui entouraient sa blessure, et, étant devenu incontinent tout blême et défaillant des esprits, il quitta les songes du monde et trépassa.

Si ce fut bien ou mal fait, Dieu est le seul qui le connaisse. En tous cas, il fut autant regretté que ses vertus, ou tout au moins sa valeur, le méritaient, car peu se soûlaient de le pleurer et regretter, le craignant plus que ne l'aimant, disant qu'il recherchait trop le sang et que peu de ceux-là finissent bien. Mais nul ne vit sans vice, dit le proverbe et jamais le Créateur n'a doué sa créature de toutes les vertus qui la pourraient faire parfaite.

QUANT à ses deux partisans ; de Vieilleville et Bourdillon, n'ayant cure que la persécution est la coupelle des vrais et entiers amis qui méprisent toutes défenses et défaveurs, ils se prirent à timorer pour eux-mêmes d'en pâtir de leur vie.

C'étoient amis que vent emporte,
Et il ventoit devant sa porte,

suivant le « dict » du célèbre troubadour Rutebeuf. L'adversité est toujours seule, comme la prospérité est accompagnée (*).

(*) Le poëte latin Ovide avait dit de même : « Donec eris felix multos numerabis amicos. Tempora si fuerint nubila, solus eris », ce que Ponsard, dans l'Honneur et l'Argent, traduit ainsi : « Heureux, vous trouverez des amitiés sans nombre ; — Mais vous resterez seul si le temps devient sombre. »

De Vieilleville retourna dans ses domaines en Anjou, et Bourdillon, oubliant qu'il avait pris pour modèle le gentil seigneur de Bayart, disparut sans se soucier des siens et de ce pauvre Martin Guerre, qu'il avait fait pourtant son écuyer, ce qui, de vray, ne l'empêcha pas de se retrouver en faveur auprès de la reine-mère à la mort de François II et de devenir maréchal en 1562 (*).

(*) Il mourut à Fontainebleau en 1567.

Martin comprit que la Fortune, surtout chez les grands, est inconstante. Fort dépaysé au milieu de tous ces gens, qui ne le connaissaient point, il demeura à Paris le moins qu'il lui fut possible, comme celui à qui l'heure tardait d'être retourné au lieu où, sans doute, l'on n'espérait que lui.

Et, sagement, il prit tout incontinent le chemin du bercail.

La grande difficulté était la lointaineté du pays, et la route ne se présentait pas aussi facile qu'à l'aller. Il fallait vivre, et il était sans ressources, n'ayant gardé de son éphémère fortune que son cheval, son braquemart, son baudrier, sa bourguignotte et quelque petite vaisselle d'argent, ramassée à Saint-Germain lors du sac du pavillon de la Châteigneraye par la harpaille, après le duel.

CELA avait été un joli pillage. Le fameux souper, auquel l'outrecuidance de la Châteigneraye avait convié toute la Cour, s'était trouvé prestement enlevé par les Suisses et laquais, les pots et marmites renversés, les potages et entrées répandus, mangés, dévorés, les services d'argent, empruntés à sept ou huit maisons de la Cour, dissipés, ravis et volés. Il est vrai que ce n'avait point été sans coups de hallebarde et de bâton des capitaines et archers des gardes.

POUR manger, il fallut bien au pauvre écuyer sans écus vendre aux vilains de la route ce qu'il possédait, l'un, puis l'autre ; et il se trouva bientôt dépourvu.

Quand il fut rafraichi de tout, il songea à prendre la robe longue, mais il fut trouvé trop ignorant. Oncques

Il regrettoit n'avoir pas plus estudié.
Mais quoy, il fuyoye l'école,
Comme faict le mauvoys enfant ;
Et, en disant ceste parole,
A peu que le cueur ne lui fend.
Sur le printemps de sa jeunesse folle,
Il ressembloye l'arondelle qui vole
Puis çà, puis là ; l'aage le conduisoit
Sans paour ne soing, où le cueur lui disoit (*).

(*) François Villon et Clément Marot.

Lors il n'avait d'autre souci que sa chère Bertrande et ses jeux avec elle, étant l'un et l'autre si bien chantants, si bien parlants, si plaisants en faicts et en dictz. Et tout cela pour fuir au premier effroi !

On lui proposa bien d'être moine, mais il se sentait nulle vocation d'être esperruqué et la vie monacale lui paraissait trop dure, surtout pour être lai (*).

(*) Moine lai, affecté aux emplois serviles du monastère. — Esperruqué = tonsuré.

Se souvenant qu'il avait été un instant écuyer, pauvre homme malostru, il fut dans ses pérégrinations alléché d'être bouffon de château ; mais il souffrit d'avoir un maître qui rit, puis aucunes fois lourdement châtie. Alors il aima mieux géhenne que demeurer, et il s'enfuit.

Il se fit même médecin improvisé ; mais tôt il lui en mesadvint, et on le força à déloger.

Lors, ayant malgré tout amassé quelques deniers, il devint grand buveur et il perdit la tête.

Ce fut désormais la vie inquiète, errante, fugitive, celle du pauvre lièvre entre deux sillons, ne vivant que de baies, d'aillades ou même d'anguilles des bois. Affamé comme un loup qui carême, l'œil au bois, il rusa, marauda, s'abrita comme il put ; il en vint à se cacher le jour et à errer la nuit à l'aventure, avec pire vilenaille et caignardiers (*).

(*) Aillades = manger que les pauvres gens se font avec de l'ail et des noix pilés ensemble. — Anguilles des bois = couleuvres — Vilenaille = racaille. — Caignardiers = vauriens. — Avoir l'œil au bois = l'œil aux aguets.

APRÈS avoir ains vagabondé et fait maintes rencontres autres que bonnes, il se trouva un jour à Bordeaux. Une nouvelle surprise l'y attendait.

Un mal, qu'il ne connaissait point, semblait ronger sa chair.

Il crut d'abord que c'était la lèpre et il frappa à une léproserie. Ce n'était point l'asile qu'il lui fallait.

De fait, les quelques jours qu'il avait passés dans la capitale du royaume à, sans doute, trop courir l'aiguillette (*), avaient suffi à une dame de joye pour le gratifier d'un certain mal, dont l'Italie, après les Croisades, avait généreusement fait don à ses envahisseurs. C'était pour lui aussi son coup de Jarnac, fort bien porté d'ailleurs, puisque la garde qui veillait aux barrières du Louvre, n'en défendait point les rois, le dernier entre autres.

(*) Courir le guilledou.

L'amertume qu'il en ressentit n'est pas seulement impossible à écrire, mais à penser, sinon par ceux qui ont expérimenté la pareille. Mortifié, il n'osait plus rejoindre Bertrande en cet état.

Que faire et que devenir ?

Une vieille, très vieille fable de deux oiselets, deux pigeons : « l'Aimant et l'Aimé », qu'on lui contait quand il était enfant, lui revenait en mémoire (*). Qu'avait-il besoin d'entreprendre ce voyage en lointain pays ! Et, maudissant sa curiosité, il soupirait :

(*) Du brahmane Pilpay, vivant 2000 ans avant notre ère, dont les fables furent traduites en latin vers 1262 par Jean de Capoue. Cette fable inspira celle des « Deux Pignons » de La Fontaine.

Quand reverray-je, hélas ! de mon petit village
Fumer la cheminée ? Et en quelle saison
Reverray-je le clos de ma pauvre maison,
Qui m'est une province et beaucoup davantage ! (*)

(*) Joachim du Bellay.

Oncques, il se laissait aller à regretter fortunez hommes, qui, sans manger les fruits d'aultruy labeur, vivent en paix à leur bienheureuse maisonnette, en laquelle, si différemment de ce qu'il avait eu vision en si peu de temps, règnent vertu sans fraulde et vie droicturière, où il n'y a noise, murmure ni envie, et où s'esjouit Nature (*). Et cependant, s'il l'avait voulu, il aurait encore doux logis et couche molle ! Aussi, ne résistant plus à cette obsession, traînant l'aile et tirant le pied, mi mort et mi-boiteux, il délibéra et conclut de reprendre quant et quant le chemin d'Artigues.

(*) Alain Chartier : Le Curial.

MAIS en route il prit sottement querelle à un soldat de Piémont, qui avait servi sous de la Châteigneraye et qui soutenait tout à trac le contraire qu'un si vaillant homme et qui avait très-bonne et friande épée n'avait pu être tué dans un duel d'un sien non pareil. Martin, sans doute très exité ce jour-là par des libations excessives, accueillit fort mal le démenti et, faisant prendre à l'incrédule le même chemin que celui de la Châteigneraye, il le laissa si endormi qu'il ne se réveillerait de cent ans. « Quelle obligation mon oncle doit avoir à ce malheureux d'être mort pour lui, remarque Brantôme, et que lui en peut-il dire et remercier en l'autre monde, si les âmes là-haut ont quelque ressentiment et reconnaissance ! »

Quant à Martin, quel que soit son regret de Bertrande, il n'avait plus d'autre ressource que de passer la frontière et de chercher refuge en pays étranger.

ET c'est ainsi qu'il se trouva à Hendaye, en Biscaye, en cette province de l'Espagne, qui jouissait toujours des fueros ou privilèges que Charles-Quint lui avait octroyés, lorsque Martin, si petit, avait quitté avec les siens ce pays des Bascònts ou Bascongadas, où il était né et que Fortune aurait bien dû ne jamais lui faire quitter !

CHARLES-QUINT, en ses terres sujettes d'Espagne, cherchait des recrues pour continuer en Allemagne la lutte contre les princes protestants. Il venait bien de battre à Mülhberg l'Électeur de Saxe (*), mais il restait encore à mettre à la raison le Landgrave de Hesse, à les dépouiller tous deux de leurs états et surtout à reformer son ost des Flandres

(*) Sur l'Elbe, le 24 avril 1547.

et à remplacer les tués, les blessés et les déserteurs, lesquels, en ces temps, étaient moult nombreux.

Dans son état pitoyable — car il n'avait même pas pu rester varlet de chambre chez le cardinal de Burgos (*) — Martin Guerre saisit l'occasion par le poil et s'engagea.

(*) Gayot de Pitaval.

Tournant le dos à Artigues, les larmes aux yeux et le regret de Bertrande au cœur, il prit, avec d'autres de même acabit, le chemin de Madrid, la troupe prudemment encadrée des hallebardiers recruteurs.

En route, aux portes de Ségovie, à la tombée du jour, un spectacle le stupéfia, et comme il était superstitieux et miraclifique, ainsi que tout le monde à cette époque, il en conçut grand méchef :

Sur une litière richement ornée, escortée d'hommes d'armes et de princes de l'Église, gisait un cadavre qu'on portait en grande pompe. Une femme tenait la main du mort, laquelle pendait hors le catafalque, et de temps en temps elle la baisait avec transport.

C'ÉTAIT la fille de Ferdinand et d'Isabelle, la mère de Charles-Quint, la reine de Castille, Jeanne-la-Folle, qui conduisait au couvent de Sainte-Claire, à Tordesillas, en Vieille-Castille, le corps embaumé de son époux, Philippe-le-Beau, qu'elle couchait le soir dans son lit, auprès d'elle, depuis plus de trente ans, le veillant, le gardant, se refusant à le quitter, persuadée que son amour le ranimerait enfin.

Et pourtant combien peu celui-ci s'était montré épris d'elle !

Ce cortège de mort, rencontré un jour réputé néfaste, était de bien mauvais augure. Mais la vie d'aventures qu'il allait mener — c'est à peine s'il s'arrêta à Madrid — devait vite chasser ce souvenir, comme ses sombres pensers et regrets.

CAR Martin bientôt partit en guerre. Et ne sait quand reviendra !

Pendant deux ans, il combattit en Allemagne, sans trêve et sans prouesses, mais non sans querelle, car il était tenu comme transfuge français par les Espagnols, déjà moult dédaigneux de tous autres, fors des leurs. A en croire le Loyal Serviteur, ils font tant les braves et sont si pleins de gloriole, ayant toujours l'honneur à la bouche et ne se voulant jamais abaisser que c'est une diablerie.

Puis Martin servit en Flandre, sous le frère du cardinal de Burgos, fort adonné en l'état de la guerre, celui chez lequel il avait été un instant laquais. Il fut à la bataille de Saint-Laurent (*), que les troupes espagnoles, sous le commandement du duc Philibert de Savoie, gagnèrent, le dixième du mois d'août de l'an 1557, sur le connétable de Montmorency, qui y fut fait prisonnier. En joie, le sombre Philippe II fit le vœu du triste Escurial.

(*) Faubourg de Saint-Quentin, défendu sans succès par l'amiral Coligny. La ville de Saint-Quentin fut prise le 27 août suivant. M. d'Enghien y fut tué.

Ce fut en effet une grande victoire pour les Espagnols ; mais, pour Martin Guerre, c'était contre son roi. Et ce fut bien là son malheur.

V

MADAME PÉNÉLOPE

Où l'on voit que sagesse est vertu, mais difficile à garder :

SEULETTE *suis par tout et en tout estre*
Seulette suis où je voise, où je siée,
Seulette suis plus qu'autre rien terrestre,
Seulette suis de chascun délaissée,
Seulette suis durement abaisée,
Seulette suis souvent tout esplourée,
Seulette suis sans mary demourée (*).

(*) Vers de Christine de Pisan.

QUAND on montait au mas des Rols, c'était la ballade qu'on entendait chanter près d'un berceau par une jeune femme en deuil, qui avait beauté, jeunesse et fraîcheur, mais qui paraissait avoir grande mélancolie, qui se pouvait nommer désespoir.

Bertrande ne parvenait point à cuyder que le tendre Martin fût parti, l'abandonnant ainsi. A son entendement, il avait été victime d'accident, ou tout au moins jouet d'un envoûtement. Et partout elle le faisait querir, offrant vœu à Saint-Allivergot de le lui accomplir, si elle retrouvait son mary.

Mais toutes les recherches demeurèrent infructueuses.

Voyant qu'on ne le découvrait point, Bertrande était en grande peine : elle cogita mourir d'ennui de se trouver veuve ains au bel avril de ses plus beaux ans, et rien n'empêchait ses continuels soupirs.

Un jour pourtant il lui fallut bien se rendre à l'évidence : quelqu'un de Pamiers avait vu partir Martin vers le Nord, cavalcadant fièrement derrière le sire de Bourdillon. Bientôt ce fut un autre, puis un autre témoignage. Le doute n'était plus possible. L'abandon n'était que trop réel. Elle pleura luctueusement, exhalant les plus piteuses complaintes qu'on entendit jamais, tant et si que celui, qui n'eût fait pour elle prières et oraisons et à qui les larmes ne fussent mêmement venues des yeux à l'ouïr gehenner, eût eu le cœur bien dur.

En tous cas, elle tomba en telle tristesse, qu'on méconnaissait son visage.

Le cruel ! Que lui avait-elle fait pour mériter pareil traitement ?

Avec le temps toutes choses passent, hors aimer Dieu, et elle allait en les églises faisant prières et jeûnes pour le salut et retour de Martin.

Des affirmations dignes de foi (*) nous disent qu'elle unissait la sagesse à la beauté et elle donnait tous ses soins et toute sa tendresse à l'enfant qui était né de cette nuit de l'amour triomphant. Car, elle aussi, avait eu son coup de Jarnac, et pour ce, elle avait dû souffrir la présence indiscrète et un peu révoltante d'un curateur ad ventrem, qui, dès

(*) M. de Coras. — Gayot de Pitaval.

l'absence déclarée de Martin, lui avait été imposé pendant toute sa grossesse et même durant l'accouchement (*).

Le petit Sanxi — c'était le nom de l'enfant — grandissait.

Nombreux étaient les recherchants qui volontiers tenaient Martin comme définitivement adiré. Poussé d'un désir égal d'être préféré et se croyant très fermement seul digne d'être aimé, un chacun assurait Bertrande qu'il l'aimait plus que tous les hommes du monde et osait l'importuner de ce qu'il désirait surtout le plus, car pour beaucoup de raisons les veuves sont friolantes : les filles sont prises le plus souvent par le commandement des père et mère, parents, tuteur, et non par leur volonté pure, au lieu que celles qui sont en viduité, comme très bien émancipées, font l'élection qui leur plaît et prennent lors mari pour beau et bon plaisir, amourette et gentil contentement. Quant à la mémoire du mari premier, elle est vite envoyée par la fenêtre de la chambre, derechef conjugale. Le proverbe le dit : « Plus de mine en

(*) Cette précaution contre la fraude est demeurée dans notre Code : art. 393 C. C.

une femme ayant perdu mary que de mélancolie ! »

D'ailleurs, oubliant toute honnêteté et pensant que les femmes sont hôtesses tout aussi bien et que vaut mieux voler en amour qu'en mariage, ils la pourchassaient plus volontiers par désir deshonnête et illicite, lui disant malicieusement que la porte de Paradis n'est point refusée aux vrais amants, car l'amour est un feu qui brûle si bien les amoureux en cette vie, qu'ils sont exempts de l'âpre tourment de Purgatoire (*).

(*) Heptaméron de la reine de Navarre : 26e Nouvelle.

Mais Bertrande n'était pas personne à s'encapricher pour ces malicieux, desquels la conscience, le cœur et l'entendement ignorent Dieu, l'honneur et l'honnête amour, et très sagement elle les écartait, car avant tout elle voulait pouvoir aller la tête haut élevée et n'être point tenue pour une coquecigrue.

Elle eut pourtant bien des entreprises et des vilenies à déjouer, et son fils Sanxi n'avait l'âge ni encore la sagesse de Télémaque pour éloigner les plus téméraires de ces coquefredouilles. Mais Bertrande ne pouvait croire que le fugitif ne reviendrait pas un jour et elle demeurait fidèle à l'absent, au mas des Rols, ayant cure de ne hanter que gens de bien et gentilles personnes et de ne recevoir quiconque à cachette et à porte fermée. Son cœur était à sept lieues de son corps, et elle allait aux églises, car elle était dévotieuse, se recommander à Notre-Seigneur, en le priant de vouloir conserver ce cœur de toute méchante affection, ou plutôt de la faire périr du mal de la furette, qui aime mieux mourir que de voir salir sa robe.

Aussi personne n'avait su la mettre hors du chemin de vraie honnêteté et elle vivait estimée et aimée de tous, même de ses serviteurs domestiques.

C'est ainsi qu'elle attendait patiemment, montrant par ses larmes qu'elle ne pouvait oublier l'absent, qu'elle l'aimerait toujours et que, sans la grâce de Dieu et la constance dont il l'avait douée, elle eût succombé à cette grande tristesse et ennui.

Pour s'en divertir, elle besoignait sans répit et sans relâche après ses ouvrages, où elle était tant parfaite qu'il était possible ; elle filait sa quenouille et tissait elle-même les vêtements de son fils, tout comme la sage Pénélope, attendant à Ithaque le retour d'Ulysse.

Et quand, parfois, elle consentait à s'aller ébattre au pré pour y jouer au palle-mail, ou à retourner à quelques plaisirs, qu'honnêtement les jeunes femmes peuvent prendre et dont elle ne devait demeurer sempiternellement éloignée, c'était si congrûment et toujours en compagnie de ses belles-sœurs, d'humeurs semblables à elle, bien accordantes ensemble, et d'autres demoiselles (*), en qui on pouvait avoir fiance, que personne n'avait le droit de prendre mauvaise opinion.

(*) Autrefois on ne donnait le nom de « dames » qu'aux personnes de la noblesse. Les autres, même mariées, étaient toujours appelées demoiselles. » Cf. « La Passion de la marquise Diane de Ganges » du même auteur.

D'ailleurs, pour ces passe-temps, elle s'habillait à la modeste, guère plus que de noir, qui, de fait, séyait si bien à sa charnure belle et fort blanche. Tout au plus, au bas de chausses, se permettait-elle du gris tanné, du violet ou du bleu. Outre, elle portait une frise, plus grosse que deuil ordinaire, pour couvrir ainsi celui qu'elle avait au cœur. Les plus souventes fois, elle ne sortait qu'avec sa cornette basse, voire avec un touret de nez, ce petit masque vénitien de velours, si en faveur, même hors de la ville, depuis le dernier roi, et qui n'était pas encore le privilège exclusif des dames de noblesse.

Ce n'est pas qu'elle n'eût curiosité de s'habiller, et elle trouvait toujours quelque nouvelle et gentille invention, comme de paraître belle ; mais elle avait surtout souci que sa tenue lui donnât partout sauf-conduit de parler à tout le monde et de n'être moquée de nul, car elle n'était point nonchalante des dires du monde. En tous cas, cela ne l'empêchait point d'avoir grand succès, et chacun s'offrait à lui faire service. C'est qu'elle était bien belle de visage comme aussi d'embonpoint et de riche taille haute, ce qui n'était point commun dans la région, proche de l'Espagne, où les tailles hautes y sont rares et pour ce fort estimées. Et cette taille, elle l'accompagnait d'une grâce et d'un marcher charmants, qui lui donnaient un air seyant en gravité et en douceur. Avec cela ses yeux et cheveux noirs, ce bel ornement des têtes féminines et parement de leurs beautés, qu'elle coiffait gentiment à l'antique romaine ou avec un simple scoffion, adombraient son teint. Surtout elle avait une bouche adorable, une bouche affriandante, qui méritait tout ce que dit un admirateur d'une autre beauté, la belle Paule, qui vivait à cette même époque, non loin, puisque à Tholoze : une gentille petite bouche coralline avec, au milieu de la lèvre inférieure, une petite cleueure, laquelle y était si bien séante que, quand l'œil se jettait dessus, on se sentait aussitôt induit à jeter pareillement sa bouche pour en crocheter, bouche contre bouche, un joli petit friand baiser (*).

(*) — « Description des beautés d'une dame toulousaine, nommée Paule », où l'auteur, Gabriel de Minut, baron de Castéras, passe en revue, avec ferveur, tous les détails de ce chef-d'œuvre, tels qu'il les suppose, du moins pour certains, car il n'en omet aucun. — Cleueure = ouverture.

Et cependant c'est à peine si cette villageoise — guère plus — laissait voir qu'elle pouvait tirer contentement de sa beauté, paraissant n'en éprouver nulle incuriosité, mais seulement avoir cure de son honneur.

NONOBSTANT un soir, à la tombée du jour, Bertrande remontait au mas.

Il faisait une fin de journée radieuse, et, à un tournant du chemin, près d'un petit pavillon fait d'arbres pliés, elle s'était assise dessus l'herbe.

Jamais elle ne se lassait d'admirer la vue étendue que l'on avait de cet endroit, tant beau et plaisant qu'il n'était possible de plus : du côté du couchant, illuminé par les derniers rayons du soleil, s'étendait une vaste plaine plantée de mûriers et d'oliviers et parsemée de cassines et de villages. Au premier plan, c'était le gros bourg de Fossat, et plus loin Saverdun, Montesquieu-Valvestre, Rieux et Carbonne.

Elle songeait à sa vie par avant. Les instants de bonheur ne s'apprécient qu'aux regrets qu'ils laissent. Mais le passé n'est qu'un rêve et l'avenir un mystère. Combien ce bonheur, lequel perdu, aucun n'a plus de vivre envie, l'avait vite abandonnée. Toute sa jeunesse allait-elle se consumer en dépit, regret et ennui !

Elle cuydait toutefois qu'il valait mieux qu'il n'y eût que Dieu seul qui connût son cœur que de le dire à un homme qui aurait pu le révéler quelquefois, et elle avait la fortitude de résister.

Cependant pouvait-elle ne point s'avouer qu'un ne lui était pas aussi indifférent qu'elle voulait en être assurée.

Elle rêvait ainsi, prenant grand plaisir à ouïr le rossignol chantant, quand, de la sente qui venait de Carla-Bayle, déboucha Jehan d'Escarbeuf.

Bertrande le connaissait piéça, et, avant qu'elle ne fût accordée avec Martin, c'était le compagnon de ses jeux d'enfant.

Si elle avait eu la certitude d'être devenue veuve, c'est bien avec Jehan qu'elle se fût rempêtrée dans les liens d'un second mariage pour retâter des doux fruits du plaisant dieu hyménéen et retrouver un peu de bonheur, sachant qu'il l'aimait plus que lui-même ; et que, quant à elle, si elle dissimulait le mieux qu'elle pouvait son amitié, elle n'en pensait pas moins.

Ils causèrent un moment ensemble, et comme le crépuscule avait presque fait place à la nuit, il lui proposa de l'accompagner jusqu'au mas.

Ils se parlaient librement, car la très grande

affection qu'ils se portaient était tant honnête qu'elle se pouvait prêcher partout.

Bertrande ne lui dissimula pas combien le partement de l'infidèle et la solitude, où elle était demeurée, lui causaient tristesse. Et lui, de vouloir la persuader que, après un si long temps, elle pouvait se marier derechef ou tout au moins rendre son mariage dissolvable. Et même !... Pourquoi pas ?... Un proverbe de cettuy-ci pays le dit : « Jamais femme sans compagnon, ni espérance sans travail, ni navire sans gouvernail, ne pourront faire chose qui vaille. » Et puis, dans l'état où elle se trouvait, serait-ce si grand crime ! Pouvait-on lui demander la patience de Griselidis, et ne se trouvait-elle pas suffisamment désobligée (*) ? Quelle humeur d'être jeune et belle et vouloir, à l'appétit d'un léger point d'honneur et volage scrupule, retenir par trop son feu, ains venir peu à peu à se sècher, se consumer, se faire vieille avant le temps jusqu'à en perdre le lustre de sa beauté, qui la faisait estimer, priser et aimer, et, en la verdeur de son bel âge, devenir, pour le reste

(*) Déliée d'obligation.

de ses jours, solitaire, déserte et froide comme glace, passer tant de veuves nuits et être lors la risée d'un chacun ; tout cela pour amour de Paradis ! Il ajoutait même — car il était un tantinet mécréant — qu'elle serait bien trompée s'il n'y avait point de paradis en l'autre monde, comme il l'avait entendu dire céans à la ville par un couronnel (*).

(*) Le futur maréchal Arnaud de Gontaut-Biron. — Couronnel = forme ancienne du mot colonel.

Toutefois il serait trop long de raconter le discours de son amitié et les savoureuses paroles qu'il lui suscheta. Pour venir à la conclusion, ce pauvre martyr d'un feu si plaisant que, plus on brûle, plus on veut brûler, augmentant son martyre, lui jurait et promettait sa foi, l'assurant qu'il proférait ces paroles tant mieux du cœur que de la bouche ; qu'en effet rien au monde ne l'aimait tant que lui et qu'il se sentait devenu quelque chose de plus qu'il n'avait été jusqu'ici.

— Oncques ne vit peine plus fâcheuse ni désespérance plus grande, répondait-elle ; mais tant qu'elle serait tenue en espérance du retour de Martin, elle ne voulait s'en faire soulager et se refusait à chercher le dernier remède, bien qu'elle aurait pu se récompenser de la perte de son mari qui l'avait laissée, et oublier son ennui passé. Vray est qu'elle trouvait qu'il faisait bon ouïr Jehan parler, et mêmement elle sentait en son cœur quelque chose plus qu'elle n'avait accoutumé quant et quant. Mais elle ne se souciait pas de perdre en enfer la vision de son Dieu et n'y avoir que la vue horrible de M. le Diable. Et quand Jehan lui montrait la conduite félone, déloyale et détestable de Martin, elle répliquait que, nonobstant sa tristesse de lui percevoir des larmes aux yeux et sa joie d'avoir tiré à l'amour un homme tel que lui, ce dont elle n'avait jamais ressenti contentement si démesuré, elle était trop assurée que l'honneur des femmes avait un autre fondement que celui des hommes, c'est-à-dire patience, pudeur et vertu, que Dieu leur a tant recommandées; qu'elles devaient craindre Amour, qui prend plaisir à tourmenter autant les pauvres que les princes, les faibles que les forts, qui aveugle jusqu'à oublier Dieu et conscience, qui fait courir plus de fortune et dangers que ne fait un marinier aux plus hasardeux périls de la mer, et qui, à elle, en tous cas, avait fait un tour méchant. Aussi voulait-elle se contenter, sans autre penser, d'honnête amitié.

Avec tels principes et comme elle faisait choses si bonnes et si vertueuses que la malignité des plus perfides ne pouvait que s'éteindre, l'on comprend que Gayot de Pitaval puisse nous dire que la médisance ne trouvait rien à publier contre elle. Et, de fait, on ne pouvait qu'être abreuvé de ses vertus, la tenir comme femme de bien et grande aumônière, quoique faisant ses aumônes moult furtivement ; enfin la réputer la plus honorée que oncques ne fût, car le sens, la vertu et la bonté des femmes ne sont pas seulement au cœur des princesses, ni tout l'amour et honneur en ceux où le plus souvent on cogite qu'ils soient.

Un fait d'ailleurs entretenait son espoir de voir revenir le volage :

Un jour, elle était allée prier en la chapelle fort obscure de l'église d'Artigues. Il y avait dedans un Sépulcre, à grands personnages élevés comme le vif avec, couchés à l'entour, plusieurs hommes d'armes faits de pierre. Après avoir dit ses dévotions, elle voulut attacher une chandelle ardente au Sépulcre, dedans lequel était ensépulturé le corps d'un grand seigneur, réputé comme quasi-saint. Une goutte de cire brûlante tomba sur un des personnages, lequel se mit à remuer et à ouvrir un œil. Bertrande se sauva effrayée, criant au miracle. Ceux qui étaient dans l'église coururent, les uns à sonner la cloche, les autres à voir le miracle ; mais rien ne bougeait plus. C'était un vagabond qui, par ce jour d'été, était entré dans l'église, et, ayant pris envie de dormir, avait trouvé idoine de s'aller reposer en cette chapelle obscure et fraîche au milieu des personnages de pierre, auprès desquels il se coucha. La goutte ardente de cire l'avait à demi réveillé ; mais il s'était aussitôt rendormi.

Bertrande était persuadée que Dieu, en sa souveraine sapience et bonté, donne à ses créatures secrets avertissements des accidents qui leur sont préparés en bien et en mal, et qu'il lui avait auguré ainsi que Martin vivait encore, qu'il était maintenant homme de guerre, et, par le regard qu'elle avait reçu, qu'il pensait toujours à elle et reviendrait pour la consoler de sa trop grande fatalité et malheur, ce dont elle fut si aise que rien plus.

ELLE attendait encore quand le petit Sanxi avait déjà près de sept ans, et, lorsqu'elle passait, les prétendants, évincés de leur méchant amour et déconsolés de leurs deshonnêtes intentions, fredonnaient une vieille romance populaire espagnole : la Chanson de Manbrou, que, pour la brocarder, ils avaient affublée du titre de : Chanson de « Martin s'en va-t-en Guerre », voyant là, spirituelle facétie.

C'était en effet la complainte de la triste mésaventure d'une épouse inquiète de son seigneur, et d'un soldat qui revenait de la Croisade :

Madame à sa tour monte, si haut qu'el peut [monter,

Et voit son page, tout de noir habillé :
« Beau page, mon beau page, quel nouvelle ap-
[portez ? »
— « Aux nouvelles que j'apporte vos beaux yeux
[vont plourer :
A l'entour de sa tombe, romarins on planta...
Sur la plus haute branche le rossignol chanta... »
(*)

(*) C'était déjà le même sujet que celui qui devait être parodié, d'abord quelques années plus tard par la chanson burlesque du « Convoi du duc de Guise », puis, au XVIIIe siècle, par la fameuse chanson de Malborough.

Alors il fallait ouïr avec quelle vilaine malice ils lançaient le refrain :

Martin s'en va-t'en Guerre :
Pan, pan, ratapan.
Ne sait quand reviendra :
Patati, patata.

LORS, sans écouter plus avant, ainsi comme la biche navrée à mort, cuyde, en changeant de lieu, changer le mal qu'elle porte avec soi, Bertrande s'en allait hâtivement en sa chambre par dépit et cruel déplaisir, jetait quelqu'une larme du profond de ses yeux, et il s'en fallait de peu qu'elle ne se voulût défaire, lors qu'elle aurait bien dû tenir ces malintentionnés pour des donneurs de billevesées, dépriser leurs folies et s'en soucier autant que de tridet (*).

(*) Autant que d'une prune (expression favorite de Brantôme).

VI

LE REVENANT

Où dame Pénélope se demande si c'est bien Ulysse :

BERTRANDE ne parvenait point à perdre souvenance de l'absent, car, a dit un fin moraliste : il y a quelqu'un qui n'oublie pas, c'est l'oublié.

Cependant le lendemain de la my-Karesme de l'an 1554 — ancien style, — un homme se présenta à Artigues. Il était hâlé de visage, barbu et moustachu comme un reître. Autrement il avait tous les traits de Martin Guerre.

Il monta résolument au mas des Rols et, arrivé en la maison, il demanda où était Bertrande, sa femme. On lui dit qu'elle était partie en la ville sur sa haquenée, où, à dire le vrai, elle était allée consulter un astrologue qui passait pour dire merveilles sur l'avenir, bien que les véritables chrétiens doivent tenir qu'il n'y a que Dieu qui sache les choses futures. Mais c'est là curiosité irrésistible qui met beaucoup de monde en rêverie.

Lors, interpellant voisins et voisines, embrassant les anciens camarades, ayant un mot pour chacun, le nouveau venu déambula en tous lieux, qu'il semblait bien connaître, et jusqu'en la garenne.

HOMÈRE raconte dans l'Odyssée que le chien, du nom d'Argus, qu'Ulysse avait élevé et dont il n'avait pu tirer aucun service, parce que, avant que l'animal fût assez fort pour courir, ce prince avait été obligé de partir pour Troie, commença, quand il aperçut son maître, à lever la tête et à dresser les oreilles. Il se souleva du fumier où il était relégué à cause de sa vieillesse, s'approcha d'Ulysse, le caressa de sa queue et mourut de joie d'avoir revu son maître, vingt ans après son départ. Ulysse, touché d'être ainsi reconnu par son chien fidèle, versa des larmes, qu'il essuya promptement.

Le nouvel arrivant n'eut point à manifester une semblable émotion, car le chien ne fit à lui aucune attention. Il avait pourtant autrefois chassé souvent avec son maître, et ces compagnons de l'homme, chacun le sait, gardent le souvenir de ceux qui les ont aimés.

BERTRANDE ne devait rentrer qu'à l'heure du souper. Mais les quatre sœurs de l'époux prodigue, puis le sieur et la dame de Rols n'hésitèrent pas à reconnaître, qui leur frère, qui leur gendre. Il en fut de même de tous ceux qui l'avaient connu avant sa fuite, même de ses amis et camarades. C'étaient bien là les traits, le port, la démarche, la voix dans ses inflexions mêmes, les gestes ordinaires de Martin Guerre, ces mille particularités qui décèlent un homme. Il avait gardé souvenir de tout; il se remembrait les lieux et l'emplacement de toutes choses et rappelait à chacun diverses circonstances précises et particulières. Il avait dans sa conversation de ces réticences et de ces sous-entendus qui laissent deviner qu'on en sait long sur certains sujets, et tout cela avec une aisance et un ton de confidence qui ne peuvent exister qu'entre gens qui sont ou qui ont été dans la plus complète familiarité.

Non certes il ne pouvait y avoir de doute.

Bertrande, au-devant de laquelle était allé un de ses beaux-frères pour la préparer à ce retour inespéré, fut en grande perplexité, et avec moult prudence et sapience, elle objecta que ce pouvait être là, diabolique mystification et maléfice de l'enfer.

Le revenant en fâcha à Bertrande et lui fit durement reproche de n'avoir point meilleure mémoire de lui, d'être si peu piteuse à l'endroit de son mari et de lui remontrer tant d'ingratitude et de félonie. Puis il commença à jeter feu et à dire tout ce qu'une colère outrée et démesurée peut jeter dehors. Mais quand il vit que cela ne produisait pas l'effet qu'il cuydait, rapaisant lors un peu sa colère, mais avec un air tant dépité qu'il n'était possible de plus, il ajouta : « Est-ce ainsi qu'une femme doit recevoir son mari, nonobstant qu'il soit coupable de quelque inconstance, lors qu'il en avait regret si cuisant qu'oncques depuis ne pouvait s'en remettre et qu'il en montrait tant de sincère et profond repentir ? »

Bertrande se revirait le plus doucement et modestement qu'elle pouvait pour ne le point offenser et répondait d'une voix triste et émotionnée que ce n'était ni dureté, ni mépris. « Je me souviens très bien, disait-elle, comment vous étiez quand vous m'avez faussé compagnie, de façon si inexplicable. Oui, vous me paraissez le même aujourd'hui ; mais je ne me fie pas encore assez à mes yeux, et la fidélité que je dois à mon mari et ce que je me dois à moi-même demandent les plus sérieuses précautions et sûretés les plus grandes. N'en soyez pas fâché contre moi. Depuis votre départ, beaucoup l'espace de sept ans, j'ai été dans une appréhension continuelle que quelqu'un ne vînt me surprendre par des apparences trompeuses. On ne cherche que trop à nous abuser, nous autres femmes. Mon cœur n'a cure que d'être convaincu que vous êtes mon bien aimé Martin, que, malgré votre lâcherie piéça et le peu d'occasions que j'ai eues de vous aimer, je pleure quant et quant, et auquel je suis demeurée merveilleusement attachée. Mais je suis aussi attachée à mon honneur autant qu'à ma vie, et, avant que de me prononcer sur un retour si étrange et si imprévu, je désire réfléchir encore et avoir avec vous entretien particulier. »

Elle ne se doutait pas qu'elle venait de tenir au revenant le même langage et presque les mêmes propos que Pénélope avait tenus à Ulysse, lors de son retour à Ithaque de l'île de Calypso.

Celui-ci se montra fort fâché, et, faisant de l'altier, lui dit que son incrédulité l'affligeait profondément; qu'il ne comprenait pas pourquoi elle prenait si grande crainte de celui qui ne cherchait que son honneur et avantage, l'assurant qu'il lui confessait vérité; que, s'il y avait en elle quelques reliques de l'amour passé, il était impossible que la pitié ne vainquît sa résistance ; que l'amour si tendre qu'elle lui avait porté fût inverti en haine, et que, plus par vengeance que par affection, elle voulût faire la revêche et le rendre le plus malheureux de la terre.

Son teint était devenu rouge comme flamme et son regard si terrible et furieux qu'il semblait qu'un feu très ardent étincelait dans son visage et dans son cœur. Il avait mis le doigt entre ses dents et se mordait l'ongle. Enflammé de ce courroux importable, il s'avança vers Bertande, et, d'une de ses fortes et puissantes mains, saisit les deux siennes, délicates et faibles, et lui dit : « Puisque amour, raison, ni humble prière servent de rien, je n'épargnerai point mon droit, car, sans en recouvrer la jouissance, je ne vois pas que je puisse vivre longuement. »

Un frère du père de Martin, l'oncle Pierre Guerre, qui lui avait toujours montré grande affection et qui voyait à ce quidam un visage non feint, eut si grande compassion qu'il insista auprès de Bertrande pour qu'elle fît taire le ressentiment qu'elle pouvait garder de l'abandon du volage : « L'amour que je vous porte, lui dit-il, et la privauté que vous m'avez toujours faite en votre maison, me contraignent à vous dire qu'il me semble que, devant la grande repentance de votre mari, vous lui devez user de miséricorde et vous montrer moins malcontente. Et aussi vous êtes jeune ; il faudrait être guinguoys pour vouloir perdre un si beau temps de bonheur qui vous demeure. Et pourquoi tant de rigueur quand la douceur est aux femmes si séante ? »

C'est la gloire des vielles gens qui cuydent toujours être plus sages que ceux qui viennent après eux !

Cet affectueux avis n'acheva pas moins de troubler Bertrande, d'autant mieux qu'elle se remembrait ce que précisément elle avait ouï au prêche le dimanche dernier, selon messire bienheureux saint Jehan : que celle qui n'aime pas son mari qu'elle voit, comment aimerait-elle Dieu qu'elle ne voit pas ? D'autre part, la nuit devant hier, elle avait vu en rêve un homme entièrement semblable à l'infidèle, couché auprès d'elle dans son lit et tel qu'il était la nuit qu'il l'abandonna. Elle avait éprouvé une joie indicible, car, dans son rêve, elle était persuadée que ce n'était pas un cauquemare (*), mais une réalité.

(*) Oppression qu'on éprouve en dormant comme si quelqu'un était couché sur vous.

ALORS on les laissa seulets et la conversation particulière qu'elle eut avec le revenant dut apaiser ses appréhensions et dissiper ses dernières incertitudes. Elle trouva sans doute goût à son dire et il lui donna vraisemblablement des preuves si fortes et si convaincantes qu'il ne subsistait plus aucun doute dans son esprit ni dans son cœur, car elle ne fit plus difficulté pour reconnaître que cil était bien son mari qui lui revenait.

Lui pleurait de joie d'avoir femme si raisonnable et si pleine de prudence et vertu.

LA nuit du retour ne ressembla guère à celle qui l'avait vu fuir. On ne peut entreprendre de peindre leur joie, que couvrait le voile de la nuit ; mais seulement celle de Bertrande esbaudie de voir que ce n'était plus le morfondu et piteux mari d'antan : elle était moult émerveillée de la grandeur de l'amour de ce cher époux enfin retrouvé, et si satisfaite qu'elle eût voulu que l'entretien dura plus longtemps. Mais amour avait épuisé son carquois. Que n'était-on encore au beau temps des dieux d'Homère, si secourables aux mortels qui savaient se les rendre bienveillants ! En tous cas c'était le temps où Minerve eut pour Ulysse et Pénélope, se retrouvant enfin après si longue absence, la délicate attention de retenir la Nuit à la fin de sa course et d'empêcher l'Aurore d'atteler à son char ses brillants coursiers Lampus et Phaëton, avec lesquels elles sortait de l'Océan pour annoncer aux hommes la lumière du jour (*).

(*) Homère : l'Odyssée. Chant XXIII.

DEUXIÈME PARTIE

LE DRAME

VII

L'ONCLE PIERRE

Où l'on voit qu'icy-bas nulle chose n'est stable.

PENDANT près de trois ans, ils furent en cette condition. Elle le traitait tant bien qu'il avait cause de s'en contenter. Quant à lui, il semblait l'aimer tout uniment, bien qu'il fût rude. De fait, il était souvent un peu violent et emporté : il la criait, quoiqu'elle ne fît aucune action bien blâmable, ne lui laissant pas toujours l'œil sec. Et quand ce mari, enfin retrouvé, que d'affection, de devoir, d'espérance et de crainte elle aimait, la regardait sévèrement, incontinent elle transissait de peur d'avoir fait quelque chose qui lui déplût. Il avait fasciné son esprit et l'avait rempli de mille tyranniques maximes, lui disant, bien qu'elle ne se gouvernât de tout que par lui, qu'il ne fallait aimer et ne se fier qu'à lui-même ; qu'elle ne devait joindre personne à leur vie, pas même père, ni mère, ni parents d'aucune sorte ; mais que, à lui, elle ne devait céler rien de ses plus privées affaires, ni grandes ni petites.

Un jour qu'elle paressait au lit plus qu'il ne lui cuydait décent, alors qu'il s'y paillardait, disant que, d'entendre le chant trop matutinal du coq lui donnait grande douleur au-dessous de la racine des cheveux, il se courrouça à elle, et alla jusqu'à lui donner « les Innocens (*). » Ce sont petites querelles de mari à femme.

Pour lui, il se laissait vivre tout bellement à son aise, oyzeux, mais point mélancolique, trouvant la vie bonne et douce, besoigneux ouvrier d'amour, mais en cela peu subtil artisan, tout aussi âpre au pot, faisant chérubin

(*) Claques sur le derrière, comme on donne aux enfants. Cf. Heptameron, 45e Nouvelle et Commentaires de Le Duchat sur Rabelais.

bonum, friand de darioles, dont il avait la bouche toujours pleine, volontiers trinquat et faisant brindes toutefois et quantes à qui voulait, beuvant d'aultant en vrai leschevin, défonçant une bote comme on casse un œuf, lampant un bourrabaquin comme on vide un dé, se gorgeant tout son benoît saoûl jusques au crever de tout ce qui était de meilleur en la maison, enfin se couchant en vrai chapon. Aussi, de maigre qu'il était, il devint vite en bon point, même ventru à plein bast et arrondi comme potiron (*).

Comme l'absence avait changé son Martin ! pensait Bertrande.

Leur union vit la naissance de deux enfants, dont un mourut presque aussitôt.

L'HEUREUX revenant pensait le bien duquel il jouissait permanent, et en faisait un état assuré, sans se douter d'aucun changement. Mais la envieuse et inconstante Fortune ne peut supporter bon heur durable, car nulle chose ici-bas n'est stable.

Peu après le départ de Martin Guerre, son

(*) Vieilles expressions, notamment du Languedoc : Oyzeux = oisif, — chérubin bonum = bonne chère ; — darioles = petites tartes riolées de bandelettes de pâte ; — trinquat = trinquant volontiers ; — faire brindes = porter la santé ; — leschevin = maître ivrogne ; — bote = tonnelet ; — bourrabaquin = grand verre à boire en forme de canon de mousquet.

père était décédé, et son oncle Pierre Guerre avait pris en mains la gestion de ses biens.

Le revenant se montra fort dolent de cette mort; mais mort est une chose où nul ne peut remédier. Il en va autrement de la fortune du défunt et ledit exigea avec âpreté d'être remis en possession, non-seulement de son patrimoine, mais de celui du de cujus. Après quoi il se livra à certaines aliénations qui n'apparaissaient ni opportunes, ni justifiées. Surtout il exigea de Pierre Guerre une reddition de comptes, qui ne se fit point sans difficultés. L'oncle fut même appelé par lui en justice. Il en conçut un profond ressentiment. Les choses s'envenimèrent. Le neveu accusa son oncle de l'avoir voulu enherber (*) et même frapper avec un coutel chaud, afin de l'occire.

(*) Empoisonner avec des herbes.

En réalité, au cours d'une discussion particulièrement violente et âpre, Pierre Guerre avait renversé son neveu par terre, et peut-être l'aurait-il escarbouillé avec une barre de fer et envoyé faire logis en l'autre monde, si Bertrande n'était intervenue et si elle n'avait couvert de son propre corps la victime de violence (*). Dépité, Pierre Guerre se promit bien d'attendre la venue du boiteux (*). Il ne tarda pas :

(*) Gayot de Pitaval.

(*) Attendre l'occasion, le moment favorable qui vient toujours très lentement en boitant.

UN jour de fin automne 1557, le hasard fit trajeter par Artigues un soldat qui se rendait à Rochefort-du-Gard. S'étant vu refuser par le mari de Bertrande hospitalité au mas des Rols, cettuy-la se courrouça fort, et, se laissant aller à injures, dit à cettuy-ci qu'il n'était qu'un drôle, cherchant par son imposture à vivre béatement aux crochets d'aultruy.

Cet importun fut chassé à coups de pierres ; mais ce qu'il dit parut si intéressant à l'oncle Pierre que ce dernier l'emmena devant un notaire pour y chaffourrer sa déclaration, qu'il garda curieusement (*).

(*) Chaffourrer = griffonner ; — curieusement = soigneusement.

Mais qu'a-t-on besoin de troubler le bonheur de gens qui ne demandent qu'à être heureux !

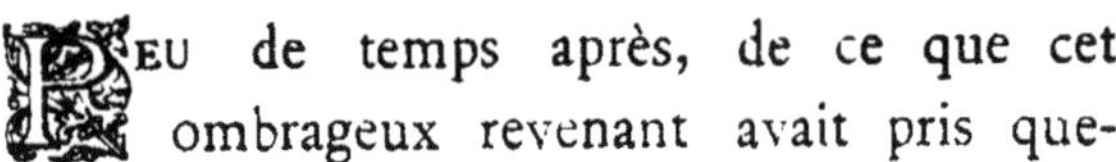

PEU de temps après, de ce que cet ombrageux revenant avait pris querelle avec Jehan d'Escarbeuf, du bourg de Carla-Bayle, sous le motif qu'il cuydait malséant et incongru que ce coquelineux trouvât toujours son chemin là où il pensait rencontrer sa Bertrande, l'oncle Pierre ne chôma pas sur sa vengeance. L'ayant bien couvée et ayant sondé le gué sous main, pour se revanger et par sujet de vindicte, il profita de ce sy (*) pour, à sa suscitation, décider Jehan à le poursuivre criminellement par devant le Sénéchal de Toulouse, lequel décréta l'époux de Bertrande de prise de corps et ordonna son emprisonnement.

(*) Vieux mot qui voulait dire : un cas, une condition particulière (Cf. Brantôme et La Fontaine.)

Pendant cette détention, Pierre Guerre et ses quatre gendres mirent tout en œuvre pour persuader Bertrande que celui qu'elle prenait pour son mari était plus plein de menterie que de vérité. La gaussant de paroles piquantes, ils allèrent jusqu'à la menacer de la faire chasser du mas des Rols si elle ne le désavouait pas pour son époux et si elle s'entêtait à avoir sur les yeux des caleils (*) pour un homme qui, n'ayant aucun avoir, grugeait à elle tout son bien.

(*) Mot du patois languedocien qui veut dire: écailles.

Mais, soit qu'elle fût honteuse des suites qu'elle avait données à son erreur, soit que les traits de l'homme qu'elle avait sous les yeux se confondissent avec l'image de celui qui l'avait abandonnée, telle que sa mémoire la lui avait conservée, soit enfin qu'elle fût persuadée que le revenant était bien Martin Guerre, elle refusa d'entrer dans leurs vues, disant avec aigreur qu'elle le reconnaissait mieux que quiconque et ferait mourir ceux qui lui diraient le contraire ; que richesse gît en contentement ; enfin que c'était lui ou un diable dans sa peau.

Les ennemis de celui-ci n'eurent pas plus de succès auprès d'un des parents de Bertrande, nommé Jean Loze, consul de Pallios, qu'ils voulaient tirer à leur hameçon ; mais cettuy-ci se rangea résolument du parti de l'accusé et envoya l'oncle Pierre et ses gendres au diable de Biterne (*).

(*) Expression de Toulouse, comme on disait à Paris : au diable de Vauvert.

Comme sa querelle avec Jehan d'Escarbeuf n'était que peccadille et que les faits d'imposture n'étaient aucunement établis, le prisonnier fut élargi en vertu d'un appointement de contrariété.

Il retrouva auprès de Bertrande l'accueil le plus affectueux ; elle lui témoigna une joie manifeste. « Elle le caressa, dit Richer, lui donna du linge blanc, lui lava les pieds et le laissa user de tous les privilèges du mari. »

Évidemment on peut se demander comment Richer est aussi parfaitement renseigné et on peut s'en étonner d'autant plus que, dès le lendemain de grand matin, Pierre Guerre, toujours accompagné de ses gendres et tous armés, firent irruption dans la chambre conjugale, se saisirent du malheureux et le firent constituer prisonnier à Rieux, comme fondés, dirent-ils, de la procuration de Bertrande de Rols.

En réalité cette procuration ne fut signée que le soir même de ce jour, fort tard, alors que le mari de Bertrande était incarcéré depuis le matin.

C'était donc bien un enlèvement et, ce qui est plus inexpliquable encore, c'est que, ce jour même, alors que Bertrande allait se porter plaignante à l'imposture, elle envoyait à son mari, dans sa prison, un habit, du linge et de l'argent.

De fait, il semble bien que la procuration, qu'elle donna ce soir-là même, n'eût été obtenue que par dol et sous menaces.

Dans sa plainte, elle demandait que l'imposteur « fût condamné à une amende envers le Roi, à demander pardon à Dieu, au roi et à elle, tête descouverte, les pieds nuds et en chemise, tenant une torche ardente en ses mains, en disant que, faussement, témérairement, traîteusement, il l'avait abusée en prenant le nom et en supposant la personne de Martin Guerre, ce dont il se repentait et lui demandait pardon, et que, envers elle, il fût condamné à une amende de 2.000 livres, aux dépens et dommages-intérêts. »

L'information commença.

L'accusé alléguait que nul malheur n'égalait le sien, puisqu'il avait une femme qui lui était aussi rigoureuse et des parents qui avaient le cœur si mauvais que de lui contester son état et son nom pour le dépouiller de son bien, de ce bien qui pouvait valoir 7 à 8.000 livres ; puis, haussant le bec, que son oncle Pierre ne portait contre lui cette accusation que par une animosité dont la cupidité était la source ; que les gendres de cettuy-ci n'épousaient sa passion que pour satisfaire à leur avarice ; qu'ils avaient suborné sa femme et l'avaient engagée, aux dépens de son honneur, dans cette accusation calomnieuse, inouïe et abominable dans la bouche d'une femme légitime, accusation qui était le comble du crime le plus noir, si elle n'était pas l'ouvrage de sa facilité (*).

(*) Cf. Gayot de Pitaval et Richer. Causes Célèbres, I.

Puis, il faisait toute son histoire, disant qu'il n'était revenu à Artigues que parce qu'il brûlait du désir de revoir sa femme, son enfant, ses parents, sa patrie ; que, malgré le changement que le temps avait fait à son visage, puisqu'étant parti ayant du poil follet au menton, il était revenu ayant de la barbe, il avait été reconnu par tous, même par son oncle Pierre, qui l'avait alors comblé de caresses, qu'il n'avait perdu son amitié que parce qu'il lui avait demandé des comptes de sa gestion pendant son absence; que, s'il avait voulu lui sacrifier son bien, on ne le ferait pas aujourd'hui passer pour un imposteur; qu'il y avait là toute une machination odieusement imaginée contre lui. Il demandait en tous cas à être confronté avec sa femme, persuadé qu'elle n'était pas capable d'étouffer entièrement la vérité ; et, pour qu'elle se trouvât à l'abri de la subornation et de toutes les manœuvres de Pierre Guerre et de ses gendres, qu'elle fût placée en séquestre dans une maison sûre.

Le juge de Rieux était impressionné par l'attitude de l'accusé, d'autant mieux que, dans l'interrogatoire qu'il subit, cettuy-ci rendit un compte exact de tous les faits sur lesquels il était interrogé : il prévenait même les demandes et parla, avec toute l'exactitude possible, de la Biscaye, du lieu de sa naissance, de son père, de sa mère, de tous ses parents, de l'année, du mois, du jour de ses noces, du prêtre qui les avait célébrées, de ceux qui furent invités au mariage, de leurs habits, du repas de noces, du bal que les petits mariés avaient ouvert, de la façon dont leurs mères les avaient fait disparaître pendant une contre-danse, de leurs lits superposés ; il raconta ses courses dans la campagne avec celle qui n'était encore que la compagne de ses jeux ; il rapporta même le motif de son départ, raconta son équipée comme écuyer du sire de Bourdillon, sa vie errante après la mort de la Châteigneraye à la suite de son duel avec Jarnac, les campagnes qu'il fit dans l'armée espagnole, ajoutant qu'il était à même de produire des personnes qui pourraient confirmer ce qu'il affirmait. Bref, Mercure ne rappela pas mieux à Sosie toutes ses actions.

Bertrande ne put que confirmer l'exactitude de tout ce que disait l'accusé et déclara comment, au bout de 8 ou 9 ans de mariage, les maléfices qui l'empêchaient d'être la femme de son mari, se levèrent enfin.

Cent cinquante témoins environ furent ouïs : 30 à 40 déposèrent qu'il était bien Martin Guerre pour avoir de grandes habitudes avec lui dès son enfance et ils le reconnurent à certaines marques et cicatrices que le temps n'avait point effacées.

Quelques témoins, il est vrai, déclarèrent que l'accusé n'était qu'un nommé Arnaud du Tilh, dit Pansette, du bourg de Libaros, en pays voisin d'Armagnac, pour l'avoir vu et fréquenté dès le berceau. Le reste des témoins dirent qu'il y avait une ressemblance si frappante entre l'un l'autre qu'ils n'oseraient pas assurer si l'accusé était Martin Guerre ou Arnaud du Tilh.

Le juge de Rieux restant en ses altères (*), était vraiment très, très embarrassé. Mais comme il avait souci de rendre bonne et loyale justice, il pensa qu'il ne pouvait se prononcer avant d'avoir mieux éclairé ses doutes, pleins de contrariétés.

(*) Alternatives.

Il ordonna donc deux rapports de la ressemblance et de la dissemblance de Sanxi Guerre avec l'accusé et avec les sœurs de celui-ci.

Du premier rapport, il résultait que Sanxi Guerre ne ressemblait point à l'accusé ; mais il résultait du second que l'accusé ressemblait aux sœurs du disparu. Désespérant d'avoir d'autres lumières, le juge s'en remit à son inspiration. Dans le doute, celle-ci lui fit décider que l'accusé était atteint et convaincu d'être un imposteur et qu'il devait être condamné à perdre la tête, son corps après sa mort étant mis en quatre quartiers.

Bien entendu, l'accusé se pourvut devant le Parlement de Toulouse.

La Cour de Toulouse pensa, non sans quelque raison, que l'affaire méritait d'être pesée plus mûrement que ne l'avait fait le premier juge ; mais elle ne trouva rien de mieux que de faire reconfronter en pleine Cour avec l'accusé, d'abord Pierre Guerre, puis Bertrande de Rols.

Ces deux confrontations semblèrent avoir amené Nosseigneurs du Parlement à une conviction diamétralement opposée à celle du premier juge. A leurs yeux, nous dit M. le conseiller de Coras, l'accusé était le véritable Martin Guerre, tant sa contenance était assurée et son front ouvert, tandis qu'ils lisaient sur le front de l'oncle Pierre Guerre et de

Bertrande de Rols, déconcertés, que ceux-étaient des calomniateurs.

Cependant par sagesse et précaution, la Cour ordonna une nouvelle enquête avec de nouveaux témoins.

Cette enquête, à vrai dire, ne fit qu'apporter encore plus d'obscurité et d'incertitude : des 30 témoins qui furent ouïs de nouveau, 9 ou 10 déclarèrent que c'était le véritable Martin Guerre, 7 ou 8 que c'était Arnaud du Tilh, les autres disant qu'ils ne pouvaient rien assurer de certain et de positif.

Toutes ces contradictions, dit encore M. de Coras, jetaient les juges — et cela se conçoit, — dans la plus grande perplexité. Il y avait cependant quelques précisions troublantes : c'est ainsi qu'un oncle maternel d'Arnaud du Tilh, appelé Carbon Barreau, le reconnut formellement pour son neveu, en déplorant avec sincérité la triste destinée d'une personne qui lui appartenait de si près. D'autres témoins disaient aussi que Martin Guerre était plus haut et plus noir ; qu'il était grêle de corps et de jambes, un peu voûté « portant la tête entre les deux épaules », le menton fourchu, élevé dans le sommet ; que sa lèvre de dessus était pendante ; qu'il avait le nez large et camus, la marque d'un ulcère au visage et une cicatrice au sourcil droit.

Évidemment le mari de la belle Bertrande n'était point un Adonis et il avait fallu à celle-ci toute la fidélité conjugale, pour être demeurée aussi attachée au souvenir de son mari. Il ne semblait pas que, en étant un peu différent du souvenir qu'avait laissé le fugitif, l'absence eût amélioré sensiblement son aspect, car celui qui était sur la sellette était petit, trapu, fourni de corps, le ventre maintenant bedant, la jambe grosse, et, au visage, les mêmes marques et cicatrices que celles qu'on connaissait sur Martin Guerre. De vray, il n'était plus voûté et n'avait plus le nez camus (*).

(*) Cf. Gayot de Pitaval.

Mais voici qui était plus grave : Le cordonnier qui chaussait Martin Guerre, déposa que celui-ci se chaussait à 12 points, et l'accusé ne se chaussait qu'à 9. Un autre témoin affirma que Martin Guerre était habile dans le jeu des armes et à la lutte, et l'accusé n'y entendait rien.

Un nommé Jean Espagnol, hôtelier à Touges, déclara que l'accusé, s'étant découvert à lui, avait demandé de ne pas décéler que Martin Guerre lui avait donné tout son bien. Les nommés Valentin Rougie et Pelegrin, de Libaros, déposèrent que l'accusé, voyant qu'ils le reconnaissaient pour Arnaud du Tilh, leur avait fait signe du doigt de ne rien dire et aurait, en outre donné à Pelegrin pour sa discrétion deux mouchoirs, à charge d'en remettre un à son frère, Jean du Tilh. D'autres encore faisaient remarquer que Martin Guerre était de Biscaye, où le langage basque qu'on y parle est bien différent du français et du gascon : or, l'accusé ignorait le basque et n'en savait tout au plus que quelques mots qu'il plaçait par affectation dans ses propos. Ces témoins négligeaient que Martin Guerre avait quitté la Biscaye à deux ans et que, jusque-là, il n'avait guère eu le loisir de se familiariser avec la langue de son pays d'origine.

Enfin plusieurs témoins, qu'on pourrait appeler de moralité, dirent qu'Arnaud du Tilh avait eu, dès son enfance, les plus mauvaises inclinations ; que depuis, il avait été consommé dans le crime, ce qu'il couvrait par son effronterie ; que le larcin lui était familier ; que ce n'était qu'un freté, un diable engiponné, jureur, renieur de Dieu et blasphémateur, que chacun despitoit (*) ; et, tout naturellement, il s'ensuivait qu'il était bien capable de jouer le rôle d'un imposteur, l'impudence qu'il témoignait étant dans son caractère.

(*) Freté = rompu à toutes sortes de ruses et de malices ; — diable engiponné = diable sous habit d'homme ; — despitoit = méprisait.

Toutefois les raisons qui militaient en faveur de la sincérité de l'accusé étaient au moins aussi fortes :

Trente ou quarante témoins, qui l'avaient connu depuis son bas-âge, ne l'avaient-ils point reconnu pour Martin Guerre, et, parmi ces témoins, se trouvaient ses quatre propres sœurs, qui avaient été élevées avec lui et dont la sagesse était dans une très bonne odeur. Les deux beaux-frères de Martin Guerre, mariés à ses sœurs, rendaient le même témoignage.

D'autres témoins qui avaient assisté à ses noces déposaient en sa faveur : Catherine Boère disait que, sur le minuit, elle avait apporté aux nouveaux mariés le réveillon, appelé médianoche, et que c'était bien là l'accusé qui était couché dans la même chambre que Bertrande.

D'aucuns apportaient pour preuve de leur témoignage que Martin Guerre avait deux soubredents à la mâchoire supérieure, une goutte de sang extravasé à l'œil gauche, l'ongle du premier doigt enfoncé, trois verrues à la main droite et une autre au petit doigt. Or l'accusé avait toutes ces particularités. Par quel jeu la nature les aurait-elle imitées si précisément dans une autre personne. ?

Enfin il fallait bien admettre, d'après presque tous les témoins, que lorsque l'accusé arriva à Artigues, il saluait et appelait de leur nom tous ceux qui étaient autrefois de la connaissance et de l'intime familiarité de Martin Guerre : qu'il rappelait, à ceux qui avaient peine à le reconnaître, la mémoire des lieux où ils avaient été, des parties de plaisir qu'ils avaient faites ensemble, des conversations qu'ils avaient eues depuis 10,

15 et 20 ans, comme si toutes ces choses avaient été faites fraîchement.

Ce qui était plus remarquable encore, c'était qu'il se fît connaître à Bertrande en lui retraçant des mystères du lit nuptial et les circonstances des événements les plus secrets, qu'un mari seul pénètre. Bertrande avouait même que, peu après son retour, il lui avait dit d'aller chercher dans un coffre une culotte blanche doublée de taffetas blanc que Martin y avait laissée, alors qu'elle ignorait que le vêtement s'y trouvât encore.

Enfin d'autres, — car le parti de l'accusé avait aussi ses témoins de moralité, — déposaient qu'il y avait partie liée entre Pierre Guerre et ses gendres pour perdre ce malheureux ; qu'ils le poursuivaient contre la volonté de sa femme et qu'ils avaient souvent ouï dire à Pierre Guerre que l'accusé était bien Martin Guerre, son neveu.

L'attitude de Bertrande n'était pas moins troublante : quand elle fut confrontée avec l'accusé, celui-ci l'interpella par la religion du serment et la fit juge de sa cause, disant à la

Cour que, puisqu'on pensait qu'il célait vérité, il suppliait de la mettre à serment sur ce sujet et qu'il était tout dispos à le faire sur l'autel et sur la damnation de leurs âmes en recevant tous deux ensemble le corps de Notre-Seigneur. Il se soumettait à toute peine et pugnition, même capitale, si elle jurait qu'il ne fût pas Martin Guerre. C'eût été là une entreprise scalabreuse et périlleuse s'il n'était point sûr de lui et surtout d'elle !

Bertrande pouvait-elle se tromper si complétement, et, plus que tout autre, ne pouvait-elle saisir une différence ? « La nature, remarque Gayot de Pitaval, s'est-elle tellement attachée à faire ressembler deux êtres distincts qu'elle ait voulu que la femme de Martin Guerre ne pût reconnaître l'erreur ? Dans un corps si semblable a-t-elle voulu loger une âme du même caractère ? »

Bertrande de Rols naturellement pleura, et l'accusé se laissa aller, lui aussi, à quelques larmes pour lui tenir compagnie.

Pressée de répondre, après plusieurs refus, elle dit que tout cela lui faisait autant de blessures dans le cœur et déclara qu'elle ne voulait ni jurer ni le croire, et fit trois points d'aiguille à sa bouche.

Nosseigneurs du Parlement de Toulouse se trouvaient aussi embarrassés et aussi indécis que le juge de Rieux et toute la science de M. de Coras, conseiller rapporteur, ne permettait point d'asseoir une opinion certaine.

Toutefois comme il fallait bien une solution à ce « conflit de raisons qui révélaient et obscurcissaient la vérité et n'en laissaient voir que les éclairs auxquels les ténèbres succédaient (*) », le doute allait cette fois profiter à l'accusé et prévaloir en faveur de l'état de l'enfant qu'il avait eu avec Bertrande de Rols, quand un événement imprévu, « un miracle de la Providence », dit M. de Coras, allait tout remettre en question. Mais cet événement, qui aurait dû apporter la lumière définitive, n'allait faire que compliquer les choses et rendre la vérité plus difficile encore à discerner.

(*) Gayot de Pitaval.

VIII

L'HOMME A LA JAMBE DE BOIS

Où l'on voit qu'une jambe de bois ne suffit pas à une épouse pour reconnaître son mari :

UN matin de l'année 1559, à l'époque qui ramène saison de Printemps, lorsque

Le tems a laissié son manteau
De vent, de froidure et de pluye,
Et s'est vestu de broderye
De soleil raiant, cler et beau,

un croquant, qui avait une jambe de bois, apparut à Artigues.

Par telle matinée de printemps,

Il n'y a beste ne oiseau
Qu'en son jargon ne chante ou crye :
Le tems a laissié son manteau
De vent, de froidure et de pluye.

Mais l'homme, tout au contraire, semblait farouche et inquiet.

Alors que :

Rivière, fontaine et ruisseau
Portent en livrée jolye
Goultes d'argent d'orfaverie,
Chascun s'abille de nouveau.
Le tems a laissié son manteau
De vent, de froidure et de pluye, (*)

(*) Rondeau de Charles d'Orléans.

lui, était d'aspect bien misérable, affreusement laid, miteux et ord.

A l'en croire, il venait d'Espagne, à petites journées, vendant en route pour vivre de la poudre aux puces. Ce n'était en réalité que de la sciure de bois, qu'il parvenait à se faire acheter par de naïfs paysans. L'idée lui en était venue en entendant conter la légende de Maistre Pierre Faifeu, écolier d'Angers. Et quand on lui demandait la recette de sa poudre mirifique, se rappelant quelques vers de cette légende,

Il répondait, sans faire long caquet,
Que mettre faut les puces en paquet,
Puis les prendre chacune seule à seule,
Et leur pousser la poudre dans la gueule :
Toutes mourront sans faire long séjour.

Après quoi il s'en allait, sans s'attarder à dire autrement l'adieu.

A son arrivée à Artigues, dès le potron-minet, tous les habitants, incontinent qu'ils le virent, saillirent de leur maison, tandis que, comme avait fait l'autre quatre ans auparavant, il montait tout droit au mas des Rols, où il demandait à voir Bertrande, sa femme.

Il était vraiment peu alléchant, tout suant

de la route d'où il venait, tout noirci de poussière, et malpropre ce qu'il se peut, bref sentant mieux son soldat de guerre que son mignon de Cour, et avec cela si maigre, dénué, asséché et si décharné qu'il n'avait que le bâtiment.

Il se disait Martin, parti en guerre douze ans auparavant, et avoir perdu sa jambe durant que la bataille de Saint-Laurent se baillait sous Saint-Quentin.

Le père de Bertrande s'empressa d'aller querir sa fille et monta hâtivement à sa chambre, où, un peu égrotante ce matin-là, elle reposait, et lui cria : « Lève-toi, Bertrande, lève-toi, car encore semble-t-il que voilà un « nouveau Martin Guerre » !

Bertrande, transie de frayeur et bien qu'elle fût encore valétudinaire, s'approcha de la fenêtre pour l'apercevoir dans la basse-cour, où il attendait. Lors, elle se refusa de le recevoir et de recommencer avec lui l'entretien particulier qu'elle avait eu avec le premier. Quelle conviction, en effet, pourrait lui donner un homme aussi peu friand, d'apparence aussi misérable, aussi hirsute, et, qui plus est, avec une jambe de bois ! Elle avait trop de sapience pour changer un cheval borgne contre un aveugle.

D'ailleurs personne ne le reconnut. Quel était cet importun qui cherchait à faire accroire ? Le village, vite assemblé, l'arregardait fort curieusement. Aucuns en riaient sous bourre et même s'en moquaient à double carillon. Bientôt sourdit le mécontentement, chacun disant sa râtelée (*). On hua le survenant, le menaçant de soubarbades (*), et il s'en fallut de peu qu'on ne lui fît un mauvais parti, ce à quoi ne prit point part le chien de la maison, car il était mort.

(*) Rire sous bourre = rire sous cape. — Dire sa râtelée ou rasteiée = dire librement ce que l'on pense.

(*) En Languedoc : coups dont on relève le menton et qu'on fait à ceux qu'on méprise, d'après Rabelais.

L'homme s'en fut en claudicant, et, rageusement courroucé de cet acceuil, il jura par Saint-Pierre et Saint-Paul qu'il aurait sa femme par amour, par cautèle ou par force.

Quant à Bertrande, elle reprenait fort aigrement et tançait ceux qui l'importunaient de ce stropiat (*).

(*) Estropié.

Il en alla tout autrement de l'oncle Pierre Guerre. Cette arrivée inopinée favorisait merveilleusement ses plans et servait son ressentiment. Aussi n'hésita-t-il pas à conforter le nouvel arrivant, et à le prendre sous sa protection, si manifestement que ceux qui étaient favorables au premier revenu prétendaient que ce dernier revenant avait été imaginé de toutes pièces par Pierre Guerre.

Mis au courant du procès qui se débattait à Toulouse, le nouvel arrivé ne perdit point de temps : muni des conseils et de l'argent de l'oncle Pierre, car ses finances étaient courtes, il monta en chariot à cause de sa jambe adirée et partit sans plus tarder pourchasser la Justice en la capitale du Languedoc.

Ce n'est pas qu'il n'eût quelque hésitation, car il avait une peur horrifique des « anges du Palais » et savait, comme disait le bon roi Louis XII, que les gens de Justice, trop enclins à une regrettable et incorrigible procrastination, rongent la substance du peuple par les longueurs et dépenses des procès, et que ces avalleurs de frimars arrançonnent les pauvres plaideurs (*).

(*) Rabelais appelle ainsi les gens de robe, parce que, allant de bonne heure au Palais, ils sont sujets à gober le brouillard froid qui tombe surtout en mars. — Arrançonner = rançonner.

Dès son arrivée, cependant, il courut chez l'avocat qui lui avait été indiqué.

L'affaire parut délicate à l'homme de loi. Il cherra, ne sachant trop de quel côté se prendre pour la bien mener.

Il conseilla toutefois de présenter requête à la Cour et de demander à être ouï. Au surplus, considérant que les présents ont d'ordinaire sur les âmes et notamment sur celles qui étaient élevées aux charges de judicature — dans tout ceci il n'est, de toute évidence, question que d'autrefois — il opina pour que l'impétrant donnât quelque chose d'honorable, non à ses juges, car ils étaient trop élevés, mais à messire le Greffier de la Cour, qui pourrait pousser la requête auprès du rapporteur et la faire agréer. Pour ce dernier, il ferait meilleur de dépêcher sa femme, si elle était gente, affriandante et bien tournée. Pour ces seigneurs de Justice, sa beauté ferait mieux pour son cas que ce que argent ne pourrait faire.

Cette invitation escandalisa fort le plaideur. Cependant il mit en son entendement et se délibéra de suivre ce conseil ; mais il s'en tint à une pièce de drap noir pour M. le Greffier.

Au vray, il ne semble pas que ledit présent ait eu grand effet. Peut-être n'était-il pas de suffisante importance ! En tous cas la Cour ordonna que l'impétrant serait préalablement arrêté, puis qu'il subirait interrogatoire et que ce ne serait qu'ensuite qu'il serait confronté avec celui qui était encore l'accusé, avec Bertrande, avec celles qui devraient être ses sœurs et avec les principaux témoins des enquêtes précédentes.

INTERROGÉ sur les mêmes faits qu'on avait demandés à l'autre, il indiqua sans hésitation les marques, les signes auxquels on pouvait le reconnaître. Toutefois les indices qu'il donnait n'étaient pas aussi certains ni aussi nombreux que ceux fournis par l'autre. Il avoua en effet qu'il n'avait souvenance qu'en gros et que certaines particularités s'étaient évanouies de sa mémoire.

Alors on les confronta ensemble : deux œufs, remarque M. de Coras, ne peuvent se ressembler davantage. Qui a vu l'un a vu l'autre. Ce sont parfaits ménechmes « La Nature, dit Lope de Vega, lasse quelquefois de diversifier ses portraits, fait des copies où elle imite parfaitement ceux qu'elle a tracés. »

LE premier Martin Guerre, en parole furieuse et enrouée et sans les lèvres mouvoir, traita ce baveux, de coquelineux et de supercoquelicantieux, ne débitant que des billevesées, et d'autres mots plus étranges qu'il n'est pas bien séant de dire pour la révérence du lecteur, (*) déclarant qu'il se passerait à lui-même la hart au col et qu'il voulait être démembré tout vif à quatre chevaux s'il ne prouvait pas le mensonge de ce maraud, de ce scélérat, dans le corps duquel reposait le cœur d'un lâche et méchant homme.

(*) Expressions de Rabelais: baveux = bavard, diseur de riens ; — coquelineux = courtiseur de femme ; — supercoquelicantieux = qui passe en folie tous les insensés.

En attendant de se porter à cette extrémité et quand il eut fini de montrer ses plaints et clameurs, il posa à cettuy-ci des questions insidieuses sur plusieurs faits qui se seraient passés au mas des Rols et qu'il devait savoir, s'il était le vrai Martin Guerre. Mais, disait-il avec dépit, ce revenant du diable n'agissait que sur la suasion de son oncle et pour satisfaire la vindicte d'iceluy.

Il faut reconnaître que l'homme à la jambe de bois fut loin de répondre avec la même fermeté et la même assurance qu'avait eues le premier, lorsqu'il avait été interrogé sur les mêmes faits. Il ajouta qu'il lui semblait bien avoir jà rencontré cet autre quelque part.

Pour tâcher de parvenir enfin à avoir quelque lumière, la Cour fit alors retirer le premier Martin Guerre, interrogea le second sur plusieurs faits secrets et particuliers qu'il devait savoir et sur lesquels on n'avait jamais posé de questions. Le dernier arrivant répondit juste.

Mais le premier, ayant été interrogé à son tour, répondit avec la même justesse.

LA Cour, comme dernière ressource et ultime épreuve, fit alors défiler devant les deux Martin les quatre sœurs, les maris de chacune d'elles, l'oncle Pierre, les frères du Tilh et les principaux témoins.

La sœur aînée, après avoir bien considéré les deux accusés, se jeta dans les bras du dernier revenant, l'embrassa en pleurant et disant : « Voici mon frère Martin Guerre. J'avoue l'erreur où l'autre m'a jetée et entretenue pendant si longtemps. »

Celui ainsi reconnu mêla ses larmes à celles de sa sœur, car nulle amour n'est égale à la fraternelle, qui n'épargne rien pour montrer en tout une gente générosité de cœur.

Les autres sœurs le reconnurent de même, ainsi que presque tous les témoins, qui pourtant avaient été des plus obstinés à reconnaître le premier.

Les pauvres sots qui jurent mettre leur doigt au feu sans brûler !

Mais l'oncle Pierre, laissait-on dire, possédait une preuve décisive.

Quand, appelé à la barre des témoins, on lui demanda lequel il reconnaissait pour son neveu, l'oncle Pierre prit de l'important, et, dans un geste dégagé, bailla à la Cour un document qui paraissait avoir pour lui un prix inestimable. C'était la déclaration du soldat, qu'il avait fait autrefois chaffourrer chez un notaire.

Ce militaire de passage, chassé alors du pays à coups de pierres, y déclarait que celui qu'on prenait pour Martin Guerre n'était qu'un imposteur ; que le véritable était encore en Flandre ; qu'il avait une jambe de bois à la place de celle qui lui avait été emportée d'un coup de canon au siège de Saint-Laurent, car il avait cherché une hardie et courageuse mort, tandis que le brinquenarille, qui se faisait passer pour le mari de dame Bertrande, n'était qu'un de ces grands marauds de goujats, qui ne sont que de la racaille de soldat, et, l'inculpant de couardise, il l'accusait de n'avoir montré à la guerre que du poltron et courage de brebis.

Le premier revenant, d'un bond, se dressa contre l'oncle Pierre et lui demanda qui prouvait que ce prétendu soldat en fût un, et qu'il n'avait pas été imaginé par lui de toutes pièces.

Vray est que ces protestations pouvaient paraître plausibles.

Le mieux encore était d'avoir l'avis de la principale intéressée : Bertrande.

LE parquet de la Grand Chambre, où se tenaient les audiences, était, chaque matin, à cette saison, jonché d'herbe fraîche, remplaçant les nattes, qui, l'hiver, s'efforçaient de préserver un peu du froid et de l'humidité (*). Aussi Bertrande avait-elle abandonné à l'entrée les hauts patins, avec lesquels alors les femmes se grandissaient. Et en tenue très discrète, elle fut introduite devant la Cour et invitée à jurer devant N.-S. Jésus-Christ de dire la vérité et de parler sans méchanceté ni fièlerie.

(*) Archives Nationales. K.K. 336 f° 90 et passim.

L'abbé et seigneur de Brantôme, qui vivait à cette époque, eût bien trouvé trente-six manières, pour une femme, de reconnaître son mari ; mais Bertrande, qui cependant n'était plus une sotte, n'en découvrit aucune, à moins qu'elle ne fût une fûtée et ne voulût en dévoiler une seule.

Elle prétendit qu'en effet le second pourrait bien être son vrai mari, car c'était la personne au monde qui mieux lui ressemblait ; mais qu'elle le trouvait tellement changé, si différent du souvenir qu'elle en avait gardé, qu'elle n'osait se décider à le reconnaître ; que notamment elle ne retrouvait pas sa voix. Surtout la jambe de bois l'inquiétait. Un peu plus, elle eût dit dans sa candeur que cette perte le défigurait.

Alors elle se mit à pleurer et il lui prit si grand battement de cœur qu'elle perdit couleur et contenance et se laissa tomber comme personne à qui force défaut, faisant pitié à toute la compagnie. On courut aux remèdes pour la faire revenir, ce qu'elle fit.

En effet, petit à petit, remonta la couleur

au visage et lui vint la recouvrance de son parler.

La voyant ainsi réduite et repentante, et comme on cuydait fermement qu'elle avait parlé du fond de son cœur, un chacun se mit à la consoler en lui disant que Dieu n'était pas si terrible comme beaucoup de pêcheurs le craignaient et que jamais il ne refusait sa miséricorde.

MESSIRE de Coras dans son Rapport est moins généreux. Il semble, de vray, n'aimer point dire rien à l'avantage des femmes. A l'entendre, « elles ont cela de particulier qu'elles croient à la légère et sont faciles à être déçues par les ruses et cautèles des hommes. Et, à la vérité, ajoute-t-il, parce que les femmes semblent être nées pour larmoyer quand il leur plaît, il ne faut point donner du tout foi à leurs larmes, le plus souvent feintes, ni à leurs parades, aussi pleines d'hypocrisies et simulées. »

Voilà tout ce que cette pauvre Bertrande gagnait à avoir si sagement et si longtemps pleuré l'infidèle ! Et comme si elle était la plus coupable d'avoir été abandonnée !

A quelles suggestions obéit-elle alors ? De fait, après l'audience, elle était retournée à Artigues, et son premier soin avait été, toute troublée encore, d'aller narrer à son confesseur, Mr le curé, en qui elle avait moult fiance, ce qui s'était passé à Tholoze, lui avouant la très grande perplexité qui lui était venue et querir de lui conseil le meilleur.

LE curé d'Artigues était un modeste et benoît serviteur de Dieu, en bonne odeur de religion. Cœur excellent, il n'était point accablé d'idées pesantes, ni troublé par des réflexions profondes. Dans ce pays paisible, qui jamais n'avait été infesté d'huguenoterie, toute sa vie ecclésiastique ne s'était trouvée occupée que par de petites choses, partant sans grandes émotions : il vivait entre sa messe et son confessionnal, appliqué à décider les cas de conscience de ses ouailles, lesquels n'étaient guère compliqués et toujours les mêmes. Il prenait à la confession des brebis de son troupeau un plaisir extrême, ayant grande curiosité des fautes et peccadilles d'autrui, n'en commettant, quant à lui, quasiment aucune, nonobstant le péché de gourmandise, auquel il prenait trop plaisir et montrait trop de faiblesse, mais dont il s'efforçait d'obtenir rémission de son Dieu. Au surplus il ne se considérait sur cette terre que comme en voyage vers l'éternité et ne souhaitait en ce monde rien d'autre que bon gîte, bonne chère, vêtements propres, paix et tranquillité, n'éprouvant aucunement ce besoin d'émotions qui se trouve d'ordinaire en tout être humain.

Aussi ce pour quoi Bertrande lui demandait conseil le laissait-il perturbé et grandement perplexe. Cette nature simple, qui ne s'égarait pas dans les pâtiments de l'âme humaine, comprenait mal telles complications, que sa candeur n'avait jamais soupçonnées.

Quelles considérations le décidèrent à conseiller à Bertrande de suivre l'opinion commune et surtout celle toute nouvelle de la famille ? Ce sont raisons à la recherche desquelles il est superflu de peiner. Peut-être même n'y en avait-il d'autres que de voir là, la solution la plus simple et la plus quiète.

En tout cas cet avis soulagea la malheureuse d'un grand poids. Elle fit mander à MM. de la Cour d'être entendue derechef, et quelques jours après, « tremblante comme une feuille agitée par le vent », dit encore M. de Coras, elle subit nouvelle confrontation. Fondant en larmes, elle demanda pardon au dernier revenant de la faute qu'elle avait faite en se laissant séduire et abuser par les artifices et impostures d'un misérable. Elle dit qu'elle avait été entraînée par des belles-sœurs trop crédules ; que la grande passion qu'elle avait de revoir son mari aida à la tromper ; qu'elle avait été confirmée dans son erreur par les indices qu'un imposteur lui avait donnés et par des récits de faits si particuliers qui ne pouvaient être sus que de son véritable mari ; qu'on ne pouvait trouver en elle contenance qui eût pu engendrer quelque soupçon et que l'amour qu'elle portait à son mari n'avait été entamé de nul vice, sinon de le trop aimer ; que depuis qu'elle avait les yeux ouverts, étant très rescarrée sur son honneur, elle avait trouvé son erreur abhorrable et qu'elle lui revenait à honte ; aussi avait-elle souhaité que la mort cachât l'horreur de sa faute, et que si la crainte de Dieu — dont on doit toujours ensuivre la parole — ne l'eût retenue, elle n'aurait pas hésité à se priver de vie ; que ne pouvant soutenir l'affreuse idée d'avoir perdu la réputation d'être sage, elle avait d'ailleurs mis l'imposteur entre les mains de la Justice, priant Notre-Seigneur de la garantir de la calomnie qu'on voulait lui imputer.

Elle dit bien d'autres choses encore et des plus sublins, tournant vers la Cour ses yeux tant beaux et piteux qu'ils étaient suffisants de faire amollir un rocher. L'air touchant avec lequel elle parlait, ses larmes roulant comme ruisseaux, sa beauté, l'expression de douleur espandue sur son visage, la façon dont elle s'excusa de paraître trop muable, tout semblait devoir convaincre les juges et les parties.

Cependant M. de Coras, se souvenant qu'elle avait apporté la même sincérité et les mêmes larmes, lorsqu'elle avait reconnu pour son mari le premier arrivant, demeurait incrédule.

Quant à l'homme à la jambe de bois, il ne parut aucunement touché par cette reconnaissance tardive. Debout, les bras tombés, tenant son index droit dans sa main gauche, il l'avait écoutée sans l'interrompre, la fixant durement et épiant sa contenance : « Cessez de pleurer et de jouer votre grand mystère en faisant l'évanouie et vous montrant à bout de chant, lui dit-il d'un ton méprisant, quand elle eut achevé. Sauf révérence de MM. de la Cour, il vous convenait d'être plus posée en votre tristesse, car vous avez fait non de la continente et loyale, mais de la dévote, de la marmiteuse et de l'hypocrite ; et oubliant que vous étiez éplorée et lamentante pour laisser croire que le souvenir de votre mari était tout grouillant dans votre âme, vous vous êtes plu à sortir de votre grand deuil désespéré, pour vous émanciper et jeter bientôt et le deuil et le froc de votre grand voile de soi-disant veuve sur les orties, et, mieux que devant, avez repris l'amour en votre tête et songé rien à tant qu'à un second mariage et à ses lascivités. Non, non, je ne puis et ne dois pas me laisser émouvoir par vos larmes. Vous dites d'orgues (*), m'amie ; mais ne sert nulle excuse de beau parler. Depuis que Ève fit pécher Adam, toutes les femmes ont pris possession de tourmenter, tromper et damner les hommes. Vous êtes trop copieuse en propos et trop grande harangueuse. Les plus courtes et brèves paroles sont les meilleures et les plus séantes. C'est en vain que par votre parlement vous cherchez à vous excuser avec l'exemple de mes sœurs et de mon oncle et à vous sauver de pugnition. Couvrez votre moumon (*) : une femme a plus de discernement pour connaître un mari qu'un père, une mère et tous ses parents les plus proches, et elle ne se trompe à recevoir dans son lit un autre, qui ressemblait à son mari comme un âne à un cheval d'Espagne, que parce qu'elle est pernicieuse, par trop malicieuse et se complaît dans son erreur. J'ai reçu

(*) En Languedoc, c'est dire des merveilles, comme ailleurs l'expression : parler d'or.

(*) Cachez votre toupet.

un affront trop public pour pardonner à ceux qui me l'ont causé. Mais toutes les injures ne sont rien au prix du tort qu'on m'a voulu faire en me procurant un si grand malheur que de me mettre mal avec vous. »

Ceci parut dureté trop grande, à moins de l'imputer à amour et jalousie, deux frère et sœur d'une même naissance.

D'AILLEURS les reproches du premier accusé furent encore plus violents : il réprimanda son accusateur de l'abominable dessein poursuivi avec aussi grande animosité, ruses et artifice, qu'il avait été oncques pernicieusement inventé et le pria par le Sang-Dieu de rhabiller autrement ses paroles pour ceux qui les avaient ouïes, en confessant, comme la raison le voulait, le vray, bon et honnête, qui réparerait son honneur, souillé par grande malice et fièlerie. Et, comme l'homme à la jambe de bois demeurait obstiné à n'en rien faire, jurant par le saint nom de Dieu, il l'appela un diable tout infect de méchanceté, grand menteur et dissimulateur, ajoutant que ce qui lui était plus dommageable que la perte de la vie et des biens, c'était d'avoir voulu faire atteinte à l'honneur de celle qui était la moitié de lui ; ce qui ne l'empêcha de jeter à celle-ci grosses paroles mal gentilles, faisant d'elle un descriment scandaleux, où il l'accomparaît aux plus dévergondées et lubriques, lui reprochant de lui être maintenant mortelle ennemie, de s'être faite l'instrument de telle malice, en fait, de n'avoir recherché qu'une méchante concupiscence et d'avoir été menée de lescherie désordonnée afin d'attraire, l'huis fermé, quelqu'un avec qui coucher. Il se laissa même aller jusqu'à la traiter de putte, lui criant qu'il la hoyait à toujours mès, et plus que poison et qu'il ne lui pardonnerait meshuy (*).

(*) A toujours mès = à tout jamais. — Hoyait = haïssait. — Meshuy = jamais.

LA Cour demeurait étonnée à merveille et, devant leurs crieries, elle avait grand besoin préablement de passer aux opinions, de mûrir ses avis, comme l'on fait des fruits verts sur la paille, que le temps assaisonne.

IX

MESSIRE DE CORAS

Où l'on voit que le juge Bridoye, qui étonna si fort Pantagruel pourrait bien avoir fait un adepte :

Point n'est possible d'évoquer cette inouïe aventure sans parler de Messire de Coras. Il fut l'âme de cette curieuse affaire.

Messire de Coras avait été désigné comme rapporteur dans ce procès par M. le Premier du Parlement de Tholoze. Des conclusions de son Rapport allait vraisemblablement dépendre l'arrêt de la Cour.

M. de Coras était né en 1513 à Réalmont, en Albigeois.

Le département des Estampes de la Bibliothèque Nationale possède de lui un portrait de l'époque, signé « Bastet ». Si le portrait, qui nous le représente avec une figure placide, un grand nez, de longues oreilles et des lèvres fortes, la supérieure ornée d'une fluette moustache, n'est pas flatteur, le quatrain qui l'accompagne l'est davantage :

Ton élégant sçavoir et ta Rare Vertu
Remplirent de leur bruit la France et l'Italie ;
Et, Malgré les Rigueurs dont tu Fus combattu,
Tu Soutins en Mourant la Gloire de ta Vie.

De fait il avait eu jeunesse fort studieuse, et au sortir des Écoles il était si savant qu'il semblait être la doctrine et exemple des autres.

Toutefois il ne paraît pas que Amour lui ait, après ces doctes leçons, jamais chanté la sienne. Aussi de n'avoir oncques connu le prompt chemin et claire lumière que fait ce feu, quand il se prend à un des bouts du cœur et de la fantaisie, Messire de Coras ne mérita-t-il que le titre, purement honorifique, de « vertueux ».

Il avait d'abord été avocat à Toulouse, puis il professa le droit avec beaucoup de succès en France et en Italie; mais il dut fuir Ferrare pour échapper aux diatribes satiriques du cynique et cupide Arétin. Et il revint à Toulouse.

Lors, il devint chancelier de la reine de Navarre, Marguerite d'Angoulême, la sœur de François Ier, la Marguerite des Marguerites, l'auteur de l'Heptaméron, et Henri II le fit conseiller au Parlement de Toulouse.

A l'examen qu'il subit pour être admis en cette charge, il se trouva tant pris de timidité que sa réputation seule empêcha « qu'il ne fût refusé comme imbécile (*) », et il courut sur lui un méchant pasquin, qui le chagrina fort.

(*) Richer. I.

SA consolation fut l'affaire Martin Guerre.

Maintenant, comment parvint-il à trouver les raisons de sa conviction et la décision de la cause ? Nul ne le sait et téméraire serait de le vouloir prétendre. Ce ne sont pas les cent onze annotations — toutes bonnes, à l'en croire — dont, par la suite, il se complut à orner le Commentaire qu'il fit de l'arrêt, qui nous l'indiquent. De vray, ces annotations ne sont que de confuses dissertations sur toutes les impostures célèbres et les légendes de l'antiquité, sur Abimélech, Abraham, Absalon, Lia et Rachel, sur les sosies fameux, les deux Amphytrions, le faux Démétrius, sur les maléfices et sortilèges, sur les enchantements, sur la papesse Jeanne, Esaü et Jacob, Sertorius et le faux Baudouin, comte de Flandre, sur le combat d'Achille et d'Hector sous les murs de Troie, sur les Pères de l'Église et les Conciles et autres exemples que rapporter ne serait que chaffourer le papier en vain, et il faut fuir prolixité.

De fait, il y avait telle ressemblance entre les deux ménechmes de la cause et si grande difficulté à découvrir le mari vrai de Bertrande, qu'il eût fallu sapience surhumaine et illuminement déifique pour avoir certitude.

Nonobstant, Messire de Coras n'était point comme ce juge dont nous parle Henri Estienne et qui n'avait qu'une formule en matière de procès criminel. Si l'accusé était vieux : « Pendez, pendez, disait-il. Il en a fait bien d'autres. » S'il était jeune : « Pendez, pendez, disait-il encore. Il en ferait bien d'autres. » Il était peut-être seulement de l'école de ce juge Bridoye, dont la façon de sentencier les procès au sort des dez étonna si fort Pantagruel quand il arriva en la Cour Centumvirale de Myrelingues, qui précisément n'était autre que le Parlement de Toulouse (*).

(*) Myrelingues, voulant dire mille langues, à cause de la grande diversité des patois qui régnaient dans l'étendue de ce ressort (Commentaires de Le Duchat sur Rabelais).

Ce juge Bridoye prétendait avoir moyen infaillible pour apporter la vuidange de tous les procès et dissentions, surtout des plus compliqués : seule changeait la grosseur des dez. Il plaçait avec grand soin les sacs de chacune des parties à un bout de la table ; puis, livrant la chance d'icelles, il jetait les dez pour chacune d'elles et celle qui avait obtenu le point le plus fort gagnait son procès. Et comme on demandait à Bridoye à quoi dès lors lui servaient les écritures et autres procédures contenues dedans les sacs et pourquoi il ne livrait pas cette chance le jour et heure proches, sans autre délai, puisque par sort et jet des dez il faisait ses jugements. « De trois choses exquises et authentiques elles servent, répondait Bridoye : premièrement, pour la forme, en omission de laquelle ce qu'on ha faict ne peut être valable ; secondement, il n'est exercice tel, ni plus aromatisant en ce monde, que vuider sacs, feuilleter papier, quotter cayers, remplir paniers et visiter procès ; tiercement, continuait Bridoye, je considère que le temps meurit toutes choses ; par temps toutes choses viennent en évidence ; le temps est père de vérité. C'est pourquoy je surseoye, dilaye et diffère le jugement, affin que le procès, bien ventilé, grabelé et débatu, vienne par succession de temps à sa maturité, et le sort par après advenant soit plus doulcement porté des parties condamnées. »

Certes, maintenant il n'en est plus jamais, oh ! non jamais ainsi, de notre bonne justice (*) !

(*) Cf. Cependant Henri Varenne : Un an de Justice 1901-1902 : Errare humanum est p. 297.

Quoi qu'il en fût, le Rapport et l'éloquence de messire de Coras surent entraîner la conviction de la Cour, plus que la certitude de la vérité.

Aussi pour beaucoup subsista le doute.

Vray est qu'il fallait bien sortir de cette perplexité et la Cour fut satisfaite de se trouver en opinions suffisantes pour ne laisser qu'un mari à Bertrande et prononcer la peine capitale contre le premier des deux revenants.

Quant à M. de Coras, cette affaire fut le gaudissement de sa vie : il aimait complaisamment à confabuler entre amis de « la inouïe merveille » de ce sujet. Outre, il aimait tant, tout mêmement que Bridoye, faire venir un procès à maturité et voir grossir escriptures et sacs. Comme disent les médecins : quel danger advenir quand on perce un apostème avant sa concoction ! Nature nous instruit : marier les filles, comme cueillir et manger les fruits lorsqu'ils sont meurs. Il faut rien ne faire qu'en toute maturité. Comme ung ours naissant n'ha pieds, ne mains, peau, poil, ne teste : ce n'est qu'une pièce de chair, rude et informe. L'ourse, à force de leicher, la met en perfection des membres. Tout de même les procès à leur naissance première, sont informes et imparfaicts. Ils n'ont qu'une pièce ou deux : c'est pour lors une laide beste. Mais lorsqu'ils sont bien entassez, enchassez et ensachez, on les peult vrayement dire membrus et formez. Procès, dit Rabelais, c'est avoir en ses prochats prou sacs. Alors sergents, huissiers, appariteurs, chicquaneurs, procureurs, commissaires, advocats, enquesteurs, tabellions, notaires, gréphiers et juges pédanés, succans bien fort et continuellement les bourses des parties, engendrent à leur procès teste, pieds, griphes, bec, dents, mains, vènes, artéres, nerfs, muscles, humeurs. Ce sont les sacs contenant complainctes, adjournemens, comparitions, commissions, informations, avant-procédez, productions, allégations, intendicts, contredicts, requestes, enquestes, réplicques, duplicques, triplicques, escriptures, reproches, griefs, salvations, récolemens, confrontations, acarations, libelles, apostoles, compulsoires, déclinatoires, anticipatoires, évocations, envois, renvois, conclusions, fins de non-procéder, apoinctemens, reliefs, confessions, exploits et aultres telles dragées et épiceries d'une part et d'autre, enfin tout ce qu'on trouvait en cette cause, qui, pour donner un seul mari à dame Bertrande, s'entassant autour du rapporteur, messire de Coras, lui faisaient vraiment savourer la joyeuseté de juger et de vivre.

LAS ! elle dura peu :

Deux ans seulement après ce procès, en 1562, M. de Coras fut accusé d'avoir voulu, comme calviniste, livrer la ville aux protestants. Ce n'est qu'avec peine qu'il échappa à une condamnation capitale, et encore sans procès. Mais dix ans de là, dans le mois qui suivit la Saint-Barthélemy, il fut derechef appréhendé, et, le 4 octobre 1572, avec quatre autres conseillers du Parlement, de la même religion que lui, il fut pendu, en robe rouge, aux branches du grand ormeau qui se trouvait dedans la cour du Château-Narbonnais, lequel renfermait le Parlement de Toulouse. M. de Coras comptait 59 ans.

Ses dernières paroles furent la lamentation

si désespérée de Sophocle, tant compréhensible en cette extrémité : « Pourquoi naître ! il vaudrait mieux n'être pas. »

X

LE MARI EST SANS PITIÉ

Où l'on voit qu'Ulysse eût mieux fait de demeurer en l'île de Calypso :

MESSIRE de Coras nous apprend que ce qui apparut le plus difficile à la Cour et ce à quoi elle travailla le plus apertement ce fut de décider si Bertrande de Rols et Martin Guerre « étaient en voye de condamnation ».

En ce qui concerne Bertrande, le dernier revenant demeurait sans pitié. Ni les pleurs d'icelle, ni la ressouvenance de leur jeunesse — s'il était bien le véritable mari — ni les supplications de ses sœurs ne parvenaient à le fléchir. Vainement la Cour lui faisait remarquer qu'il avait été bien peu vigilant auprès de sa femme et avait fait garde bien mauvaise ; que femme bien gardée est difficilement perdue et que l'abandon fait le larron. « Non, s'engouait-il à orer, en tournant l'œil au contraire de celle qui, nonobstant, était encore son épouse, cette femme se trompa malicieusement soi-même, parce que erreur lui plaisait. Point n'est possible de penser que ressemblance soit si grande qu'elle puisse merveilleusement imposer à une femme, à qui un époux se nudifie quant et quant. Que longue accoutumance et grande familiarité soient avec quiconque, alors non seulement ses traits, son port, sa démarche, sa voix dans ses inflexions, ses gestes coutumiers s'impriment vivement dans l'esprit, mais mêmement un quoique ce soit de son air, de ses façons et tournures ; lors est saisi ce qui serait imperceptible à tout autre. Meshuy personne ne croira qu'un imposteur, jouant cettuy-ci, ait toutes ces différences si propres et singulières, surtout une femme à laquelle un époux ne peut rien céler. Sa cogitation doit, tout incontinent, l'attraire d'une surprise lorsqu'elle comparera l'idée de l'époux adiré avec l'imposteur en original. Seulement oubli est le simpiternel lot des absents, lesquels ont toujours tort, et moult femmes donnent préférence à icelui présent. Quant à lui, il ne buvait qu'en son bréviaire. »

Il ignorait, le malheureux, que les Dieux eux-mêmes se plaisent parfois à ces confusions pour égarer les pauvres humains. Les Anciens le savaient bien quand ils ont imaginé l'histoire d'Alcmène, la femme du prince thébain Amphytrion, dont Jupiter amoureux prit les traits de telle sorte que la pauvre femme, elle aussi, en fut abusée. Évidemment cette erreur ne dura qu'une nuit ; mais, comme il a été déjà dit, en vertu de son pouvoir divin, Jupiter la prolongea démesurément, et, comme gage, le roi des Dieux lui donna Hercule. Et Amphytrion eut le bon esprit de pardonner.

La Cour s'inspira sans doute de ce précédent mythologique pour faire grâce elle aussi à la femme abusée; elle se souvint de la grande opinion qu'on avait de la sagesse de celle-ci; elle prit en considération que la malheureuse avait été soutenue en son erreur par l'exemple des sœurs de son mari et de tant de personnes, victimes de la même erreur, par la ressemblance frappante de l'imposteur avec celui qu'il représentait, par les indices qu'il donnait, jusqu'à rapporter les circonstances les plus mystérieuses, les époques les plus précises des événements, enfin par la crainte qu'elle avait de se déshonorer si elle poursuivait l'imposteur et de succomber dans l'accusation, n'étant pas certaine de son erreur. Surtout les juges tenaient compte de la faiblesse de son sexe, facile à être déçu par l'astuce, calidité et finesse des hommes auxquels la loi ne présume point dol ou intention aucune de mal faire, et la mit hors de procès.

LA Cour avait aussi à se préoccuper du mari :

Ce mari, en abandonnant sa femme, comme il avait fait, était en réalité la cause de tout ce qui était arrivé. En outre, de son aveu même, il avait porté les armes contre son Prince à la bataille de Saint-Laurent, où il avait eu la jambe emportée d'un coup de canon. Tout cela ne méritait-il point châtiment?

Mais la Cour, comme si elle eût épuisé sa sévérité en entendant condamner, sur de simples présomptions, un des deux ménechmes, trouva à l'autre des excuses à sa conduite : elle estima que, s'il avait donné à sa femme licence de paillarder et occasion d'adultère, c'était une occasion tellement éloignée qu'il ne pouvait plus en répondre au Tribunal des hommes ; que d'autre part il n'était pas établi qu'il eût eu dessein formel de porter les armes contre son Prince ; qu'en effet, étant allé en Espagne, il avait été laquais du cardinal de Burgos, puis attaché au frère de celui-ci, lequel l'avait, peut-être contre son gré, emmené en Flandre ; qu'il avait été obligé de le suivre à la bataille de Saint-Laurent, où il aurait malgré lui combattu, ne pouvant se dérober aux yeux de son maître. Outre, servir contre son pays était alors idée courante, même dans la noblesse (*). Puis ce manant avait jà subi, par la perte d'une jambe, la peine de ce crime qu'on lui imputait.

(*) Cf. Brantôme et ses intentions de passer au roi d'Espagne en trahissant son pays, comme bien d'autres.

Pour lui aussi, la Cour, en veine de clémence, trouva une excuse de moralité : elle considéra la légèreté et chaleur de jeunesse qui lors bouillonnaient en lui. Et elle ne fit point pâtir la loi à celui qu'elle proclamait seul et véritable mari de Bertrande.

LA majorité ayant pu se taire sur ces considérations, nous dit M. de Coras, la Cour, le 12 de septembre 1560, après avoir ouï en grande dévotion la messe du Saint-Esprit, laquelle semblait venir fort à propos, rendit l'arrêt suivant :

« Vu le procès fait par le juge de Rieux à Arnaud du Tilh, dit Pansette, soy-disant Martin Guerre, prisonnier à la Conciergerie, appelant dudit Juge, etc... Dit a été que la Cour a mis et met l'appellation dudit du Tilh et ce dont a été appelé au néant. Et pour punition et réparation de l'imposture, fausseté, supposition de nom et de personne, adultère, rapt, sacrilège, plagiat, larcin et autres cas par ledit du Tilh commis, résultans dudit Procès, la Cour l'a condamné et condamne à faire amende honorable au devant de l'Église du lieu d'Artigues, et illec, à genoux, en chemise, tête et pieds nuds, ayant la hard au col et tenant en ses mains une torche de cire ardente, demander pardon à Dieu, au Roi et à la Justice, ausdits Martin Guerre et Bertrande de Rols, mariés, et, ce fait, sera ledit du Tilh délivré ès-mains de l'exécuteur de la haute Justice, qui lui fera faire les tours par les rües et carrefours accoutumés audit lieu d'Artigues, et la hard au col, l'amènera devant la maison dudit Martin Guerre, pour ilec, en une potence, qui, à ces fins, y sera dressée, être pendu et étranglé, et après, son corps brülé; Et pour certaines causes et considérations à ce mouvans de la Cour, elle a adjugé et adjuge les biens dudit du Tilh à la fille procréée de ses œuvres et de ladite de Rols, sous prétexte de mariage par lui faussement prétendu, supposant le nom et la personne dudit Martin Guerre, et par ce moyen décevant ladite de Rols, détraits les frais de Justice ; Et en outre a mis et met hors de procès, et instance lesdits Martin Guerre et Bertrande de Rols, ensemble ledit Pierre Guerre, oncle dudit Martin Guerre; et a renvoyé et renvoye ledit Arnaud du Tilh audit juge de Rieux, pour faire mettre le présent arrêt à exécution selon sa forme et teneur. Prononcé judiciellement le douzième jour de septembre 1560. »

XI

ET AINSI FINIT L'AVENTURE

Où l'on voit qu'il vaut mieux se garder des confidences et que le secret le plus sûr est celui qu'on sait taire :

N'EMPÊCHE qu'un doute sérieux subsistait encore et la décision du Parlement de Toulouse était loin de satisfaire tous les esprits. Ce Parlement, au dire de Brantôme, passait pourtant pour « fort juste et équitable et point corrompu (*) » ; mais Montaigne avait sans doute raison quand il déclarait qu' « il s'engendre beaucoup d'abus au monde, ou pour

(*) Les Dames Illustres : Discours premier.

le dire plus hardiment, tous les abus s'engendrent de ce qu'on nous apprend à craindre de faire profession de notre ignorance et que nous sommes tenus d'accepter tout ce que nous ne pouvons refuser : nous parlons de toutes choses par préceptes et résolution. A Rome, le style portait que cela même qu'un témoin déposait pour l'avoir vu de ses yeux et ce qu'un juge ordonnait de sa plus certaine science était conçu en cette forme de parler : « Il me semble que... » On me fait haïr, ajoute-t-il, les choses vraisemblables quand on me les plante pour infaillibles. J'aime ces mots qui amollissent et modèrent la témérité de nos propositions : « à l'aventure, aucunement, quelque, on dit, je pense, et semblables. » Et, donnant son avis sur cet arrêt de Toulouse, sur « cet accident étrange de deux hommes qui se présentaient l'un pour l'autre » — Montaigne venait de quitter la Cour des Aides de Périgueux, où il était conseiller, pour entrer en 1557 au Parlement de Guyenne — il disait nettement : « Il me souvient (et me souvient aussi d'autre chose), qu'il me semble que le récit de Coras a rendu l'imposture de celui qu'il jugea coupable si merveilleuse et excédant de si long notre connaissance et la sienne, qui était juge, que je trouvai beaucoup de hardiesse en l'arrêt qui le condamne à être pendu. Recevons quelque forme d'arrêt qui die : « La Cour n'y entend rien », plus librement et ingénument que ne firent les Aréopagistes, lesquels, se trouvant pressés d'une cause qu'ils ne pouvaient développer, ordonnèrent que les parties en viendraient en cent ans. »

Évidemment c'était sagesse, mais à un peu longue échéance.

(*) En ses « Recherches », t. I, liv. VI, ch. XXXVI.

De son côté, Étienne Pasquier (*), qui n'était encore à cette époque qu'un grand avocat disait : « Je demanderai volontiers si ce monsieur Martin Guerre, qui s'aigrit si âprement contre sa femme, ne méritait pas une punition aussi grave qu'Arnaud du Tilh pour avoir, par son absence, été cause de ce méfait.... Il ne doit point être permis à un homme de quitter sa femme, sans cause, même d'une si longue absence, et, au bout de cela, d'en avoir été quitte pour une colère représentée devant ses Juges. Il me semble que c'était vraie moquerie et illusion de Justice.... Si Martin Guerre eût été condamné à mort parce que, étant le vrai mari, il avait, sans raison, abandonné sa femme, absence qui avait été le principal argument et sujet de toute cette imposture, j'estime que nos survivants eussent solennisé cet arrêt comme très saint ; pour le moins, m'assure que les femmes n'en eussent été marries. »

UN accès de sincérité allait heureusement pouvoir apaiser tous les scrupules et calmer tous les doutes :

POUR mettre l'arrêt à exécution, celui qui avait été condamné par le Parlement de Toulouse pour être Arnaud du Tilh fut ramené à Artigues.

Jusque-là il n'avait cessé de prétendre que la Justice s'était trompée et qu'elle avait commis une effroyable iniquité. Il apportait à cette affirmation la même véhémence, qu'il avait montrée devant ses juges. Espérait-il une mesure de clémence, cuydant que, encore qu'il soit vrai, à force de mentir et jurer, on engendre quelque doute à la vérité ? Possible qu'oui, possible que non. En tous cas c'est fort probable. Mais quand il se vit jeté en un mésaise, au pain d'angoisse et à l'eau d'affliction, enferré en bons liens et anneaux de fer et gardé très diligentement, il comprit que la condamnation était irrémissible et son exécution inévitable. Lors, il demanda à être ouï par le juge de Rieux, ce à quoi il fut admis, et, le 16 septembre 1560, soit quatre jours après l'arrêt, il entra dans la voie des aveux.

En sa prison, devant le juge de Rieux et son greffier, il avoua qu'il avait méchamment menti, qu'il était bien Arnaud du Tilh, dit Pansette, du bourg de Sagias ; qu'il n'était qu'un champignon de fortune (*), et bien pauvre. Or c'est un grand mal que la pauvreté. Qui le peut éviter, en quelque forme qu'on se puisse transmuer, s'essaie. Aussi s'était-il déterminé à commettre ce crime d'imposture, car, au camp de Picardie, où il s'était trouvé

(*) Expression de l'Estoile, reprise par Saint-Simon.

avec Martin Guerre, on l'avait pris souventes fois pour ce dernier. Lors, le faisant boire, il le fit facilement parler comme il voulait, obtenant de lui confidences les plus particulières.

De retour au pays, tandis que Martin Guerre restait en Flandre, il s'informa de l'état de celui auquel il ressemblait, de ce qui concernait son père, sa femme, ses sœurs, son oncle et ses autres parents, ains de ce qu'il avait fait avant de quitter le pays. Puis il n'avait plus eu qu'à masquer son visage de feintise et qu'à jouer son rôle, dans lequel il avait persisté jusqu'à la fin, s'observant à être vigilant et songeart, se laissant aller et couler aisément à fausser sa foi toutefois et quantes qu'il lui paraissait opportun, enfin comme doit être tout dissimulateur.

Nonobstant, il protestait s'être servi de charmes, d'enchantements et d'aucune espèce de magie.

Puisqu'il y était, il soulagea complétement sa conscience et confessa encore d'autres crimes, regrettant, vu sa pénurie, de ne pouvoir pas faire quelque petit présent à Dieu pour mieux racheter en partie ses péchés, comme si Dieu donnait sa grâce pour argent !

CETTE confession était un grand soulagement pour la perplexité de ses juges ; mais, pour lui, c'était rendre du même coup irrémédiable l'exécution de la sentence. A-t-il eu raison celui qui, effrontément, a dit : « Quoiqu'il advienne, n'avouez jamais ? (*) »

(*) Avinain, assassin exécuté le 28 novembre 1867.

En tous cas, sa conscience sauve, le misérable, aux abois de sa vie, ne pensa plus qu'à ouvrer dans la tâche laborieuse de son salut. Il fut mené en l'église d'Artigues pour faire prière et contrition. Là, après quelques hymnes et cantiques chantés en l'honneur de la Vierge Marie, il reçut le Saint-Sacrement de l'autel, avec bonne mine, si dévotement et en si grande humilité que les larmes tombaient des yeux de un chacun présent, ému partie de piété, partie de pitié de voir une si sainte fin. Après quoi, il se trouva prêt à subir avec résignation le châtiment auquel il avait été condamné.

Ayant été mené tout au travers de la ville les deux pouces dans des grésillons (*), et

(*) Cordelettes avec lesquelles on serrait les pouces.

étant au pied de la potence, que, en exécution de l'arrêt, on avait dressée devant la maison de Martin Guerre, et, bien qu'il commençât à orager avec grande pluie et tempête, il se mit à orer, faisant amende honorable, les genouils en terre et la torche au poing, confessant sa damnation, implorant en ferme espérance miséricorde et salut. Puis il demanda pardon à Martin Guerre et à sa femme. Manifestant alors une vive douleur et un profond repentir, il implora les assistants de lui être intercesseurs, aux abords de la mort, pour obtenir pardon et grâce de la miséricorde de Dieu, laquelle, grande et incompréhensible, n'est jamais refusée à ceux qui, en foi, la requièrent; et, espérant bien échapper à la condamnation éternelle, il subit le châtiment des hommes.

Au lieu de se plaire à voir défaire le pauvre criminel par justice ou à crier méchamment, comme d'ordinaire : « à carne ! à carne ! (*) » ou « mort ! mort ! — la reine Isabelle de Castille, pensait en effet qu'il y avait au monde quatre choses donnant grand plaisir à voir : un homme d'armes dans un camp,

(*) En pièces! en pièces!

un évêque en son pontifical, une belle dame en son lit et un larron au gibet, — tous ceux qui avaient été présents avaient compassion extrême de la misère du condamné et pleuraient de l'avoir vu tant bouté en dévotion, avec quantité de larmes qu'ils espandaient sur son corps, louant Dieu qui, par sa bonté, avait dépêché d'un si méchant corps cette âme purifiée, et fait que la vérité est toujours victorieuse de la menterie. Alors ils se mirent tous à crier : Jésus ! Jésus ! faisant tel bruit qu'on n'entendait plus Dieu tonner. Puis ils reprirent leurs prières, dont l'âme du condamné ne pouvait que de se bien trouver.

LA confession de l'imposteur avait calmé la méchante ire de Martin contre sa pauvre femme, vraiment abusée et pipée par les apparences. Il comprit qu'elle avait eu l'âme fascinée par la ruse et duplicité de fourbes personnes, ainsi que par tout ce qu'on lui avait fait accroire, et qu'elle s'était laissé prendre comme à glu. Aussi, maintenant qu'il savait la vérité de tout et qu'elle lui avait dit vrai, il regrettait sa dureté et se mettait en peine de la rhabiller et de la revancher, car il n'était point méchant, mais de ceux dont le naturel de la vengeance fait que, laquelle, du commencement, est fort ardente et chaude à s'en faire cuyder ; par le temporisement et longueur, elle s'attiédit et vient à néant. Pour quoi, au lieu de vivre en marrissons, langueurs et tristesses, après avoir fait l'un et l'autre quelque temps pénitence en un couvent et amolli leur cœur par l'abondance des larmes, ils se baillèrent pardon pour l'amour de Dieu et du petit Sanxi, abandonnant les amères ressouvenances et mauvaisetiés pour ne ramentevoir que ce qui leur fut heur.

LORS pour eux revint Amour, ce dur archer, dont ils avaient porté la douleur de ses flèches dorées, prêtes à leur faire nouvelles, mais moins meurtrières blessures.

Martin se reprit vite de tendresse pour Bertrande. La friandise d'amour ne s'oublie point et le jeu, une fois essayé, ne se désapprend plus. Au reste, tout comme la belle Paule, dont il a été parlé par ailleurs, et qui n'était guère plus âgée que Bertrande, — dix ans quasiment, — laquelle à 80 ans, à en croire Brantôme, qui l'avait vue en cet âge, restait telle qu'en son printemps (*), ladite Bertrande demeurait aussi belle qu'en ses jours verdoyants, comme ces fruits d'hiver et de la dernière saison qui se peuvent parangoner à ceux d'été et se garder et être aussi beaux et savoureux, voire plus. D'ailleurs, comme disait une grande dame d'Espagne d'alors, pour une femme, l'âge ne la fait jamais vieillir de la ceinture jusques au bas, car ce sont parties qui ne sont point exposées, comme celles d'en haut, à ni froid, ni pluie, ni vent, ni soleil, ni lune, ni, qui pis est, à des fards qui gâtent si fort les menteries du visage. Aussi la continue des plaisirs d'amour lui est toujours agréable et douce, ne se lassant pas pour elle par la charge des ans. Et quand on disait qu'il n'en était pas de même de Martin qui s'était fort bosselé : « Qu'im-

(*) La belle Paule était née en 1518, onze ans avant Bertrande et ne mourut qu'en 1610.

porte, répondait-elle, que la clocle ait quelque défaut, pourvu que son battant soit bon (*) ! »

(*) Un autre vieux brocard disait : « En vieille grange l'ou bat bien ; mais de vieux fléaux on ne fait rien de bon. »

C'est en de telles aises qu'ils véquirent longuement, et petit à petit s'en allèrent à plaisante vieillesse et honnête fin à gagner le logis mortuaire.

Peu de jours avant son trépas, estimant, parce que la nature déjà défaillait en lui, ne devoir plus faire grand séjour en ce mortel monde, Martin qui, pour tous, à cause de sa mésaventure, était, à vingt lieues à la ronde, toujours *« Martin s'en va-t'en Guerre, »* appela Bertrande et la mercia ; puis il alla benoîtement au devant de la mort. Bientôt, en effet, son âme se détacha de ce chétif corps, qui n'est que sa prison et non son domicile.

Mais qui, ici-bas, ne compte que des amis ? Ceux de Arnaud du Tihl avaient gardé à l'homme à la jambe de bois rancœur d'avoir amené la mort de cettuy-là. Aussi, quand ils le virent porter au cimetière, ils n'eurent d'autre oraison que ce refrain de sa chanson :

Martin s'en va-t'en terre
Pan, pan rataplan
Et ne reviendra plus guère.
Patati, patatan.

Puis, quelque temps après, Bertrande, ayant vécu ses ans naturels, l'alla rejoindre, car :

Je congnoys que pauvres et riches,
Sages et fols, prebstres et lais,
Noble et vilain, larges et chiches,
Petitz et grans, et beaulx et laids,
Dames à rebrassez collets,
De quelconque condition,
Portant attours et bourreletz :
Mort saisit sans exeption (*).

(*) François Villon.

Certes toujours ainsi finit l'aventure.

Évidemment, tous les coupables n'avaient point été punis sur cette terre ; mais l'âme, sur l'heure qu'elle s'est séparée du corps, a dû recevoir son jugement selon ses œuvres et mérites. Illec, il ne s'agit que de justice humaine. Ne soyons pas trop exigeants et estimons-nous satisfaits de pouvoir tirer de cette histoire vraye d'antan une moralité :

O femmes, qui avez aimé — ou qui l'avez cru, ce qui revient au même, — et qui, malgré tout, voulez demeurer fidèles, assurez-vous bien, devant le risque toujours possible de voir s'envoler l'inconstant, d'un signe bien particulier pour le reconnaître sûrement quand il reviendra, sans vous tromper, comme Alcmène ou comme Bertrande : on n'est pas toujours le jouet d'un dieu ou d'un imposteur pris de remords.

Mais quel signe ? direz-vous.

A chacune de le trouver. Vous êtes pour cela assez fines.

En tous cas, méfions-nous des confidences : il n'est meilleur secret que celui qu'on a la prudence de ne point livrer, et nul que soi-même ne peut le mieux garder.

TABLE DES MATIÈRES

DEUXIÈME PARTIE

LE DRAME

LA MÉSAVENTURE
DE
MARTIN S'EN VA T'EN GUERRE
a été
imprimée en elzévir ancien
par
MAURICE DARANTIERE
à Dijon
en novembre M. CM. XXVII
à 600 exemplaires
savoir
10 exemplaires sur Japon ancien numérotés de 1 à 10 ♣ 40 exemplaires sur Hollande Van Gelder numérotés de 11 à 50 ♣ et 550 exemplaires sur Auvergne vergé à la forme numérotés de 51 à 600

exemplaire hors commerce

imprimé spécialement pour

www.ingramcontent.com/pod-product-compliance
Ingram Content Group UK Ltd.
Pitfield, Milton Keynes, MK11 3LW, UK
UKHW022101260726
13993UKWH00001B/250